儒家哲学

梁启超 著

华文出版社

图书在版编目（CIP）数据

儒家哲学 / 梁启超著. -- 北京：华文出版社，2024.8（2024.12重印）

ISBN 978-7-5075-5926-2

Ⅰ. ①儒… Ⅱ. ①梁… Ⅲ. ①儒家-研究 Ⅳ. ① B222.05

中国国家版本馆 CIP 数据核字（2024）第 058716 号

儒家哲学

作　　者：	梁启超
责任编辑：	方昊飞
责任印制：	刘力新
出版发行：	华文出版社
地　　址：	北京市西城区广外大街305号8区2号楼
邮政编码：	100055
网　　址：	http://www.hwcbs.cn
电　　话：	编　辑　部 010-58336265 总　编　室 010-58336239　　发 行 部 010-58336202
经　　销：	新华书店
印　　刷：	三河市航远印刷有限公司
开　　本：	787mm×1092mm　1/32
印　　张：	6
字　　数：	79千字
版　　次：	2024年8月第1版
印　　次：	2024年12月第3次印刷
标准书号：	ISBN 978-7-5075-5926-2
定　　价：	35.00元

版权所有，侵权必究

出版说明

《儒家哲学》是梁启超先生写给大众的儒家哲学入门书。

梁启超（1873—1929），字卓如，号任公，又号饮冰室主人，是中国近代思想家、政治家、教育家、史学家、文学家，维新派领袖之一。任公先生早年所作政论文，流利畅达，感情奔放。晚年在清华学校（今清华大学）讲学，与王国维、陈寅恪、赵元任等先生并列为清华国学研究院四大导师。著述涉及政治、经济、哲学、历史、语言、宗教及文化艺术、文字音韵等，其著作合编为《饮冰室全集》。

《儒家哲学》从"儒家哲学是什么""为什么要研究儒家哲学""儒家哲学的研究法""二千五百年儒学变迁概略""儒家哲学的重要问题"等五个方面，以六个篇章的篇幅，翔实、扼要、入情入理地介绍了儒家哲学的来龙去脉及思想沿革，是一部优秀的中国哲学普及性著作。

本书是任公先生在清华国学院的讲课稿，由其弟子周传儒记录。本次出版以中华书局1936年4月的版本为底本，收录附文《读书示例 荀子》，封面亦参考该版。在保留当时语言文字习惯的基础上，对文字、标点等进行了错讹订正和现代规范处理，同时以页下注的形式对生僻字词进行注音和解释，以帮助读者更好理解。

华文出版社编辑部

2024年6月

目　录

第一章　儒家哲学是什么 …………………… 1

第二章　为什么要研究儒家哲学 …………… 9

第三章　儒家哲学的研究法 ………………… 17

第四章　二千五百年儒学变迁概略（上）… 29

第五章　二千五百年儒学变迁概略（下）… 68

　甲　破坏方面 …………………………… 94

　乙　建设方面 …………………………… 99

　丙　清中叶以后的四大潮流 …………… 111

第六章　儒家哲学的重要问题 ……………… 120

　一　性善恶的问题 ……………………… 122

　二　天命的问题 ………………………… 150

　三　心体问题 …………………………… 163

附　读书示例　荀子 ………………………… 175

第一章　儒家哲学是什么

"哲学"二字,是日本人从欧文翻译出来的名词。我国人沿用之,没有更改。原文为Philosophy,由希腊语变出,即爱智之意。因为语原为爱智,所以西方人解释哲学,为求知识的学问。求的是最高的知识、统一的知识。

西方哲学之出发点,完全由于爱智,所以西方学者,主张哲学的来历,起于人类的好奇心。古代人类,看见自然界形形色色,有种种不同的状态,遂生惊讶的感想。始而怀疑,既而研究,于是成为哲学。

西方哲学,最初发达的为宇宙论、本体论,后来才讲到论理学、认识论。宇宙万有,由何而来?多元或一元,唯物或唯心,造物及神是有是无?有神如何解释?无神如何解释?……是为宇宙论所研究的主要问题。

此类问题,彼此两方,持之有故,言之成理,辩论终久不决。后来以为先决问题，要定出个辩论及思想的方法和轨范。知识从何得来？如何才算精确？还是要用主观的演绎法，先立原理，后及事实才好？还是采客观的归纳法，根据事实，再立原理才好？这样一来，就发生论理学。

再进一步，我们凭什么去研究宇宙万有？人人都回答道：凭我的知识。但"知识本身"到底是什么东西呢？若不穷究本源，恐怕所研究的都成砂上楼阁了。于是发生一种新趋向，从前以知识为"能研究"的主体，如今却以知识为"所研究"的对象，这叫作认识论。认识论发生最晚，至康德以后，才算完全成立。认识论研究万事万物，是由知觉来得真，还是由感觉来得真？认识的起源如何？认识的条件如何？认识论在哲学中，最晚最有势力。有人说除认识论外，就无所谓哲学，可以想见其位置的重要了。

这样说来，西洋哲学由宇宙论或本体论趋重到论理学，更趋重到认识论，彻头彻尾都是为"求知"起见。所以他们这派学问称为"爱智学"，诚属恰当。

中国学问不然。与其说是知识的学问，毋宁说是行为的学问。中国先哲虽不看轻知识,但不以求知识为出发点,亦不以求知识为归宿点。直译的 Philosophy,其含义实不适于中国。若勉强借用,只能在上头加上个形容词,称为人生哲学。中国哲学以研究人类为出发点,最主要的是人之所以为人之道,怎样才算一个人?人与人相互有什么关系?

世界哲学大致可分三派:印度、犹太、埃及等东方国家,专注重人与神的关系;希腊及现代欧洲,专注重人与物的关系;中国专注重人与人的关系。中国一切学问,无论哪一时代、哪一宗派,其趋向皆在此一点,尤以儒家为最博深切明。

儒家哲学,范围广博。概括说起来,其用功所在,可以《论语》"修己安人"一语括之。其学问最高目的,可以《庄子》"内圣外王"一语括之。做修己的功夫,做到极处,就是内圣;做安人的功夫,做到极处,就是外王。至于条理次第,以《大学》上说得最简明。《大学》所谓"格物、致知、诚意、正心、修身",就是修己及内圣的功夫;所谓"齐家、治国、平天下",就是安人及外王的功夫。

然则学问分做两橛①吗？是又不然。《大学》结束一句"一是皆以修身为本"。格致诚正，只是各人完成修身功夫的几个阶级；齐家治国平天下，只是各人以已修之身去齐他治他平他。所以"自天子以至于庶人"，都适用这种工作。《论语》说"修己以安人"，加上一个"以"字，正是将外王学问纳入内圣之中，一切以各人的自己为出发点。以现在语解释之，即专注重如何养成健全人格。人格锻炼到精纯，便是内圣；人格扩大到普遍，便是外王。儒家千言万语，各种法门，都不外归结到这一点。

以上讲儒家哲学的中心思想，以下再讲儒家哲学的范围。孔子尝说："智仁勇三者，天下之达德也。""智者不惑，仁者不忧，勇者不惧。"自儒家言之，必三德具备，人格才算完成。这样看来，西方所谓爱智，不过儒家三德之一，即智的部分。所以儒家哲学的范围，比西方哲学的范围，阔大得多。

儒家既然专讲人之所以为人，及人与人之关系，所

---

① 橛：原意指钉在地上的小木桩，这里引申为学问分类不完全呈两类不变。读音为 jué。

以他的问题，与欧西问题，迥然不同。西方学者唯物唯心多元一元的讨论，儒家很少提及。西方学者所谓有神无神，儒家亦看得很轻。《论语》说："子不语，怪力乱神。"孔子亦说："未知生，焉知死。"把生死神怪，看得很轻，这是儒家一大特色。亦可以说与近代精神相近，与西方古代之空洞谈玄者不同。

儒家哲学的缺点，当然没有从论理学、认识论入手。有人说他空疏而不精密，其实论理学、认识论，儒家并不是不讲。不过因为方面太多，用力未专，所以一部分的问题，不如近代人说得精细。这一则是时代的关系，再则是范围的关系，不足为儒家病。

东方哲学辩论得热闹的问题，是些什么？如：

1. 性之善恶，孟荀所讨论。
2. 仁义之内外，告孟所讨论。
3. 理欲关系，宋儒所讨论。
4. 知行分合，明儒所讨论。

此类问题，其详细情形，到第五章再讲。此地所要说明的，就是中国人为什么注重这些问题。他们是要讨论出一个究竟，以为各人自己修养人格或施行人格教育的应用，目的并不是离开了人生，翻腾这些理论当玩意儿。其出发点即与西方之以爱智为动机者不同。凡中国哲学中最主要的问题，欧西古今学者，皆未研究，或研究的路径不一样。而西方哲学中最主要的问题，有许多项，中国学者认为不必研究；有许多项，中国学者认为值得研究，但是没有研究透彻。

另外有许多问题，是近代社会科学所研究的，儒家亦看得很重。在外王方面，关于齐家的，如家族制度问题；关于治国的，如政府体制问题；关于平天下的，如社会风俗问题。所以要全部了解儒家哲学的意思，不能单以现代哲学解释之。儒家所谓外王，把社会学、政治学、经济学等都包括在内；儒家所谓内圣，把教育学、心理学、人类学等都包括在内。

因为这个原故，所以标题"儒家哲学"四字，很容易发生误会。单用西方治哲学的方法，研究儒家，研究不到儒家的博大精深处。最好的名义，仍以"道学"二字为宜。先哲说："道者，非天之道，非地之道，人之所谓道也。"又说，"道不远人，远人不可以为道"。道学只是做人的学问，与儒家内容最吻合。但是《宋史》有一个《道学传》,把道学的范围,弄得很窄,限于程朱一派。现在用这个字,也易生误会,只好亦不用他。

要想较为明显一点,不妨加上一个"术"字,即《庄子·天下篇》所说"古之道术有在于是者"的"道术"二字。道字本来可以包括术,但再分细一点,也不妨事。道是讲道之本身,术是讲如何做去,才能圆满。儒家哲学,一面讲道,一面讲术;一面教人应该做什么事,一面教人如何做去。

就前文所举的几个问题而论,如性善恶问题,讨论人性本质,是偏于道的;如知行分合问题,讨论修养下手功夫,是偏于术的。但讨论性善恶,目的在教人如何止于至善以去其恶,是道不离术;讨论知行,目的在教人从知入手或从行入手以达到理想的人格境界,是术不离道。

外王方面亦然,"民德归厚"是道,用"慎终追远"的方法造成他便是术;"政者正也"是道,用"子帅以正"的方法造成他便是术;"平天下""天下国家可均"是道,用"所恶于上,毋以使下,所恶于下,毋以事上……"的"絜矩"方法造成他便是术。道术交修,所谓"六通四辟，小大精粗，其运无乎不在"。儒家全部的体用，实在是如此。

由此言之，本学程的名称，实在以"儒家道术"四字为最好。此刻我们仍然用"儒家哲学"四字，因为大家都用惯了，"吾从众"的意思。如果要勉强解释，亦未尝说不通。我们所谓哲，即圣哲之哲，表示人格极其高尚，不是欧洲所谓 Philosophy 范围那样窄。这样一来，名实就符合了。

第二章　为什么要研究儒家哲学

为什么要研究儒家道术？这个问题，本来可以不问，因为一派很有名的学说，当然值得研究。我们从而研究之，那本不成问题。不过近来有许多新奇偏激的议论，在社会上渐渐有了势力。所以一般人对于儒家哲学，异常怀疑。青年脑筋中，充满了一种反常的思想。如所谓"专打孔家店""线装书应当抛在茅坑里三千年"等。此种议论，原来可比得一种剧烈性的药品。无论怎样好的学说，经过若干时代以后，总会变质，掺杂许多凝滞腐败的成分在里头。譬诸人身血管变成硬化，渐渐与健康有妨碍。因此，须有些大黄芒硝一类瞑眩之药泻他一泻。所以那些奇论，我也承认他们有相当的功用。但要知道，药到底是药，不能拿来当饭吃。若因为这种议论新奇可喜，便根本把儒家道术的价值抹煞，那便不是求真求善的态度了。现在社会上既然有了这种议论，而且很占些势力，所以应当格外仔细考察一回。我们要研究儒家道术的原因，除认定为一派很有名的学说而研究之以外，简括说起来，还有下列五点。

1. 中国偌大国家，有几千年的历史。到底我们这个民族，有无文化？如有文化，我们此种文化的表现何在？以吾言之，就在儒家。

我们这个社会，无论识字的人与不识字的人，都生长在儒家哲学空气之中。中国思想，儒家以外，未尝没有旁的学派。如战国的老墨，六朝、唐的道佛，近代的耶回，以及最近代的科学与其他学术。凡此种种，都不能拿儒家范围包举它们；凡此种种，俱为形成吾人思想的一部分。不错，但是我们批评一个学派，一面要看他的继续性，一面要看他的普遍性。自孔子以来，直至于今，继续不断的，还是儒家势力最大。自士大夫以至台舆皂隶普遍崇敬的，还是儒家信仰最深。所以我们可以说，研究儒家哲学，就是研究中国文化。

诚然儒家以外，还有其他各家。儒家哲学，不算中国文化全体；但是若把儒家抽去，中国文化，恐怕没有多少东西了。中国民族之所以存在，因为中国文化存在。

而中国文化，离不了儒家。如果要专打孔家店，要把线装书抛在茅坑里三千年，除非认过去现在的中国人完全没有受过文化的洗礼。这话我们肯甘心吗？

中国文化，以儒家道术为中心，所以能流传到现在。如此的久远与普遍，其故何在？中国学术，不满人意之处尚多，为什么有那些缺点？其原因又何在？吾人至少应当把儒家道术，细细研究，从新估价。当然，该有许多好处；不然，不会如此悠久绵远。我们很公平地先看他好处是什么，缺点是什么。有好处把他发扬，有缺点把他修正。

2. 鄙薄儒家哲学的人，认为是一种过去的学问，旧的学问。这个话，究竟对不对？一件事物到底是否以古今新旧为定善恶的标准，这是一个很大的问题。

我们不能说新的完全是好的，旧的完全是坏的。亦不能说古的完全都是，今的完全都不是。古今新旧，不足以为定善恶是非的标准。因为一切学说，都可以分为两类。一种含有时代性；一种不含时代性，即《礼记》所谓"有可与民变革者，有不可与民变革者"。

有许多学说，常因时代之变迁而减少其价值。譬如共产与非共产，就含有时代性。究竟是共产相利，还是集产相利，抑或劳资调和相利，不是含时代性就是含地方性。有的在现在适用，在古代不适用；有的在欧洲适用，在中国不适用。

有许多学说，不因时代之变迁，而减少其价值。譬如不患寡而患不均，不患贫而患不安，利用厚生，量入为出，养人之欲，给人之求，都不含时代性，亦不含地方性。古代讲井田固然适用，近代讲共产亦适用。中国重力田，固然适用；外国重工商，亦能适用。

儒家道术，外王的大部分，含有时代性的居多。到现在抽出一部分不去研究他也可以。还有内圣的全部，外王的一小部分，绝对不含时代性。如智仁勇三者，为天下之达德，不论在何时何国何派，都是适用的。

关于道的方面，可以说含时代性的甚少。关于术的方面，虽有一部分含时代性，还有一部分不含时代性。譬如知行分合问题。朱晦庵讲先知后行，王阳明讲知行合一。此两种方法都可用，研究他们的方法，都有益处。儒家道术，大部分不含时代性，不可以为时代古思想旧而抛弃之。

3. 儒家哲学，有人谓为贵族的非平民的，个人的非社会的。不错，儒家道术，诚然偏重私人道德，有点近于非社会的。而且二千年来诵习儒学的人都属于"士大夫"阶级，有点近于非平民的。但是这种现象，是否儒学所专有，是否足为儒学之病，我们还要仔细考察一回。

文化的平等普及，当然是最高理想。但真正的平等普及之实现，恐怕前途还远着哩。美国是最平民的国家，何尝离得了领袖制度？俄国是劳农的国家，还不是一切事由少数委员会人物把持指导吗？因为少数人诵习受持，便说是带有贵族色彩，那么，恐怕无论何国家，无论何派学说，都不能免，何独责诸中国，责诸儒家呢？况且文化这件东西，原不能以普及程度之难易定其价值之高低。李白、杜甫诗的趣味，不能如白居易诗之易于普及享受；白居易诗之趣味，又不能如盲女弹词之易于普及享受。难道我们可以说《天雨花》比《白氏长庆集》好，《长庆集》又比《李杜集》好吗？现代最时髦的平民文学、平民美术，益处虽多，然把文学美术的品格降低的毛病也不小，这是不能否认的事实。何况哲学这样东西，本来是供少数人研究的。主张"平民哲学"，这名词是否能成立，我不能不怀疑。

儒家道术，偏重士大夫个人修养。表面看去，范围似窄，其实不然。天下事都是士大夫或领袖人才造出来的，士大夫的行为，关系全国的安危治乱及人民的幸福疾苦最大。孟子说得好："惟仁者宜在高位。不仁而在高位，是播其恶于众也。"今日中国国事之败坏，哪一件不是由在高位的少数个人造出来。假如把许多掌握权力的马弁①强盗，都换成多读几卷书的士大夫，至少不至闹到这样糟。假使穿长衫的穿洋服的先生们，真能如儒家理想所谓"人人有士君子之行"，天下事有什么办不好的呢？我们受高等教育的青年，将来都是社会领袖。造福造祸，就看我们现在的个人修养何如。儒家道术专注重此点，能说他错吗？

4. 有人说自汉武帝以来，历代君主，皆以儒家作幌子，暗地里实行高压政策。所以儒家学问，成为拥护专制的学问，成为奴辱人民的学问。

诚然历代帝王，假冒儒家招牌，实行专制，此种情

---

① 马弁：旧称军官的护兵。弁，读音为 biàn。

形，在所不免。但是我们要知道，几千年来，最有力的学派，不惟不受帝王的指使，而且常带反抗的精神。儒家开创大师，如孔、孟、荀都带有很激烈的反抗精神，人人知道的，可以不必细讲。东汉为儒学最盛时代，但是《后汉书·党锢传》，皆属儒家大师，最令当时帝王头痛。北宋二程，列在元祐党籍；南宋朱熹，列在庆元党籍。当时有力的人，摧残得很厉害。又如明朝王阳明，在事业上虽曾立下大功，在学问上到处都受摧残。由此看来，儒家哲学也可以说是伸张民权的学问，不是拥护专制的学问；是反抗压迫的学问，不是奴辱人民的学问。所以历代儒学大师，非惟不受君主的指使，而且常受君主的摧残。要把贼民之罪加在儒家身上，那真是冤透了。

5. 近人提倡科学，反对玄学，所以有科学玄学之争。儒家本来不是玄学，误被人认是玄学，一同排斥。这个亦攻击，那个亦攻击，几于体无完肤。

玄学之应排斥与否，那是另一问题。但是因为排斥玄学，于是排斥儒家，这就未免太冤。儒家的朱陆，有无极太极之辩，诚然带点玄学色彩，然这种学说，在儒家道术中地位极其轻微，不能算是儒家的中心论点。自孔孟以至陆王，都把凭空虚构的本体论搁置一边，哪能说是玄学呢？

再说无极太极之辩，实际发生于受了佛道的影响以后，不是儒家本来面目。并且此种讨论，仍由扩大人格出发，乃是方法，不是目的，与西洋之玩弄光景者不同。所以说玄学色彩，最浅最淡，在世界要算中国，在中国要算儒家了。

儒家与科学，不特两不相背，而且异常接近。因为儒家以人作本位，以自己环境作出发点，比较近于科学精神，至少可以说不违反科学精神。所以我们尽管在儒家哲学上力下功夫，仍然不算逆潮流、背时代。

据以上五种理由，所以我认为研究儒家道术，在今日实为有益而且必要。

第三章　儒家哲学的研究法

哲学的研究法，大概可分三种：

1. 问题的研究法。

2. 时代的研究法。

3. 宗派的研究法。

无论研究东方哲学，或研究西方哲学，这三种方法，皆可适用。各有长处，亦各有短处。儒家哲学的研究，当然亦离不了这三种方法。现在把每一种方法的长处及其短处，先说明一下。

1. 问题的研究法。所谓问题的研究法，就是把哲学中的主要问题，全提出来。每一个问题，其内容是怎样；从古到今，各家的主张是怎样。譬如儒家哲学的问题，就是性善性恶论、知行分合论等。

有许多问题，前代没有，后代才发生的；有许多问题，前代很重视，后代看得很轻了；又有许多问题，自发生后几千年，始终继续不断。无论哪家，无论东西，都有这种问题。把所有这种问题，分为若干章，将先后学的主张，总括起来，加以研究。

譬如性善性恶问题。秦以前，孔子、孟子、荀卿，如何主张？到了汉朝，董仲舒、王充又如何主张？唐以后，韩愈、李翱如何主张？宋明程、朱、陆、王如何主张？直到清代颜习斋、戴东原，又如何主张？把所有关于这个问题的议论，全都搜集在一块，然后细细研究，考察各家的异同得失。

这种方法的长处，是对于一个问题，自始至终，有系统的观念，得彻底地了解。从前各家主张的内容若何，现在研究到什么程度，都很明了。不至茫无头绪，亦不至漫无归宿，这是它的优点。

这种方法的短处，是对于各个学者全部学说，不能普遍周衍。凡在哲学上大问题，做有力的解答的人，都是有名学者。但这些学者，不单解答一个问题，旁的方面尚多。而且要了解一个问题，不能不注意其他方面，因为彼此两方往往有连带关系。

譬如性善论是孟子主张的，性恶论是荀子主张的。

他们学问的全部系统,与性善性恶,都有关系。孟子为什么要主张性善,荀子为什么要主张性恶,牵连很多。因为性善恶的问题,牵到许多问题;不单是牵到许多问题,而且引动全部学说。

要是问题简单,比较尚还容易;问题稍为复杂,那就异常纷乱。单讲本问题,则容易把旁的部分抛弃,不能得一家学说的真相;旁的部分都讲,则头绪未免纷繁,很难捉住要点。

2. 时代的研究法。所谓时代的研究法,专看各代学说的形成、发展、变迁及其流别。把几千年的历史,划分为若干时代。在每时代中,求其特色,求其代表,求其与旁的所发生的交涉。

譬如讲儒家哲学,大概分为孔子一个时代:自春秋到秦,七十子及七十子后学者一并包括在内。两汉为一个时代:自西汉初至东汉末,把董仲舒、刘向、马融、郑玄等一并包括在内。魏晋到唐为一个时代:何晏、王弼到韩愈、李翱都包括在内。宋元明为一个时代:自宋初至明末,把周、程、朱、张及陆九渊、王阳明等一并包括在内。清代为一个时代:自晚明至民国,把顾炎武、黄梨洲、颜习斋、戴东原等，一并包括在内。

这种方法，其长处在于把全部学术，几千年的状况，看得很清楚；一时代的特色，说得很明白；各家的学说，懂得很完全；同源异流，同流交感，我们都把他研究得异常仔细。譬如春秋时代，不单讲儒家，还要讲道家、墨家。又如孟子、荀子，不单看他们的性善恶论，还要看他们旁的方面，其主张若何。所以学问的变迁，或者进化，或者腐败，都可以看得清楚。

这种方法，其短处在全以时代区分，所有各家关于几个重要问题的答案，截为数段。譬如讨论性善恶的问题，最早是孟子、荀卿，一个主张性善，一个主张性恶。过了百多年，到董仲舒、王充，主张性有善有恶。又过千多年，才到程朱，又分为天地之性、气质之性二种。又许多年，才到颜习斋、戴东原，又主张只有气质之性，性即是欲，不可强分为二。

关于这些问题的主张和答案，看得断断续续，不很痛快。哲学不外几个重要问题，一个问题都弄不清楚，也就失却哲学的要义了。而且一个问题，要说几次。譬如论性，讲完孟荀，又讲程朱；讲完程朱，又讲颜戴。

说后来的主张时,不能不把前人的主张重述一次,也觉令人讨厌。

3. 宗派的研究法。所谓宗派的研究法,就是在时代之中,稍为划分清楚一点。与前面两法,又自不同。如讲儒家宗派,西汉经学,有所谓今文古文之分。今文学派,内容怎样,西汉如何兴盛,东汉如何衰歇,清代又如何复兴。古文学派,内容怎样,南北朝如何分别,后来如何争辩,清代以后,如何消灭。要把两派的渊源流别,追寻出来。

又如程、朱、陆、王,本来同出二程,然自南宋时,已分两派,彼此相持不下。朱子以后,元朝吴草庐,明朝顾泾阳、高宗宪都属此派。清代许多假道学家,亦属此派。就是戴东原,虽讲汉学,然仍出自程朱。陆子以后,明朝陈白沙、王阳明都属此派,清初黄梨洲、李穆堂亦属此派。

一个学派,往往历时很久,一线相承,连绵不绝。有许多古代学派,追寻究竟,直影响到后来。有许多后代学派,详彻本原,早伏根于往古。即如程、朱、陆、王,是后代的学派,但往上推去,乃导源于孟荀。程朱学派，出于荀子；清代考据学派，又出自程朱。陆王学派，出于孟子；近人以佛学融通儒学，则又出自陆王。

这种方法，其长处在于把各派的起源变迁流别，上下千古，一线相承，说得极其清楚。这派与那派，有何不同之处，两派交互间又有什么影响，也说得很明白。我们研究一种学说，要整个地完全地了解，当然走这条路最好。这种方法，其短处在于不能得时代的背景和问题的真相，第一第二两种研究法的优点完全丧失无遗。一个时代的这一派，我们虽然知道，但这派以外的学说，我们就很茫然。一个问题的这种主张，我们虽然清楚，但这种主张以外的议论，我们也许就模糊了。

上面所说三种研究方法，各有长处，亦各有短处。我们从事研究哲学的人，三法都可适用。诸君要研究儒家哲学，可以分开来做。有几个做时代的研究，有几个做宗派的研究，有几个做问题的研究，各走各的路，不特不是相反，而且是以相成。

此部讲义，不能三种并用。三种之中，比较起来用时代的研究法，稍为便捷一点。因为时代的研究法，最能令人得到概念。所以本讲义以时代的研究法为主。至于问题的研究法、宗派的研究法，在一时代之中，努力加以说明。例如一个问题，在这个时代，讨论得最热闹；本时代中，特别讲得详些，以前以后稍略。一个宗派，发生于这个时代；本时代中，特别讲得细些。价值流别，连类附及。

此次讲演，大概情形如此。我的讲演，因为时间的关系，说得很简单，不过略示模范而已。诸君能够依照所说，分工做去，一定比我的还要详细，还要精密得多。

附带要说的，有两件事情，应当特别注意。就是大学者以外，一时代之政治社会状况，与儒家以外所有各家的重要思想。

1. 大学者外，一时代之政治社会状况。儒家道术（哲学二字我实在不爱用）在中国历史上，因缘太久，关系太深。国民心理的大部分，都受此派影响。因此我们将来研究，与研究一般西洋哲学不同。

所谓西洋哲学，那才真是贵族的、少数人爱智娱乐的工具。研究宇宙来源，上帝存否，唯有少数贵族，才能领悟得到。晚近虽力求普遍，渐变平常，但是终未做到。儒家道术，因为笼罩力大，一般民众的心理风俗习惯，无不受其影响。所以研究儒家道术，不单看大学者的著述及其理论，并且要看政治上社会上所受它的影响。

儒家道术，不独讲正心修身，还要讲治国平天下。所以二千年来政治，好的坏的方面，儒家道术，至少要占一半。我们研究儒家道术时，一面看他所与政治社会的影响，一面看政治社会所与他的反响。这种地方，一点不能放过，应当常常注意。

还有一层，就是一般风俗习惯，亦与儒家道术关系很深。儒家虽非宗教，但是讲道德、讲实践的时候很多。并且所讲道德实践，与宗教家不同，偏于伦常方面，说明人与人相处之道。一般人的行动，受其影响极大。所以研究儒家道术，可以看出风俗的污隆高下。如顾亭林《日知录》所讲历代风俗那几条，说得很透彻。东汉风俗最好，因为完全受儒家道术的支配。两晋风俗最坏，因为受儒家以外其他学说的影响。一面研究儒家道术，一面看国民心理的趋向、社会风俗的变迁，这一点也应常常注意。

2. 儒家以外，所有各家重要思想。大凡一种学说，不能不受旁种学说的影响。影响的结果，当然发生变化。无论或变好，或变坏，总而言之，因为有旁的学说发生，或冲突，或调和，把本来面目改了。世界上无论哪家学说，都不能逃此公例。

儒家道术，在中国实占在主人翁的地位，势力最强。无论哪家，都比不上。自孔子起到现在，一线相承，始终没有断绝过。研究中国思想，可以儒家道术作为主人翁；但是因为客来得很多，常常影响到主人，所以主人翁的态度，亦随时变迁。

最重要的客人，有下列几个。

在先秦时代，有司马谈所谓六家，刘歆、班固所谓九流。六家九流，大概皆出自孔子以后。而势力最大，几与儒家对抗的要算道家、墨家，以后才发生法家、阴阳家、农家等。这几家都是对于儒家不满，从新另立门户。最盛的与儒家立于对等地位，甚至于比儒家的势力，还要大些，不过为时很暂。能够继续不断，永远做社会思想中心的，还是儒家。因为有这几家的关系，无论他们持赞成的论调，或反对的论调，儒家本身，不能不起一种变化。孟荀是儒家大师，但两人都受道墨两家的影响。

汉初道家极盛，魏晋后更由九流之一，一变而为道教。道教的发生，亦受儒家很大的影响。由东汉末至隋唐，佛教从西方输入。因为佛教是一个有组织有信条有团体的学派，势力很大，根基亦很巩固。自从它输入以后，儒家自家，就起很大的变化了。

近世晚明时代，基督教从欧洲传到中国，携带所谓西方哲学，及幼稚的科学。在当时虽未大昌，然实与儒家哲学以极大的刺激。降至最近百余年间，西方的自然科学，大大发达。在中国方面，科学虽属幼稚，而输入的亦很多。儒家哲学，几有被其排斥之势。

西洋的政治理论，亦与儒家哲学，有很深的关系。因为儒家讲内圣外王，政治社会，在本宗认为重要。凡欧洲新的政治学说，社会主义，皆与儒家以极大的影响。因受外界的刺激，内部发生变化；这几个重要关头，不可轻易放过。我们研究主人翁的态度，至少要看他发展的次第。某时代有什么客来，主人翁如何对付，离开这种方法,不能了解主人翁态度的变迁。

所以研究儒家道术,须得对于诸家,有普通的常识。即如先秦时代,有多少学派?大概情形如何?对儒家有何影响?汉魏时代道教如何成立?大概情形如何?对儒家有何影响?隋唐之交,佛教如何兴盛?大概情形如何?对儒家有何影响?晚明基督教及西洋哲学,如何输入?大概情形如何?于儒家有何影响?最近自然科学及社会主义如何传播?其大概情形如何?于儒家有何影响?虽然不能有精密的研究,然不能不得普通的常识。

上面所述二事,第一,大学者外,各时代的政治状况、社会情形,受儒家什么影响?与儒家以什么影响?第二,儒家以外,所有各家的重要思想,因儒家而如何变迁?儒家又因各家思想而如何变迁?此在欲了解儒家道术,欲寻得儒家知识的研究方法,除此以外,全不是正确的路径,全是白费气力。

还有一层,更为重要。就是儒家的特色,不专在知识,最要在力行,在实践。重知不如重行。行的用功,此处用不着说,正所谓"不在多言,顾力行如何耳"。真要学儒者，学孔子之道，不单在知识方面看，亦要在实行方面看。从孔子起，历代大师，其人格若何？其用功若何？因性之所近，随便学哪一个，只要得几句话，就可以终身受用不尽。真要学儒家道术，是活的，不是死的，只需在此点用功，并不在多，而且用不着多。

第四章　二千五百年儒学变迁概略（上）

上次讲，研究哲学，有问题的、时代的、宗派的三种方法，各有长处，各有短处。问题的研究法固然好，但本讲演用来不方便，所以先在前论最末一章，专讲儒家哲学之重要问题，以为补充。时代的研究法，固然亦有短处，但用之讲演，最为相宜。所以本论各章，全用这个方法。惟如不先提纲挈领，不能得一个大意，现在要讲二千五百年儒学变迁概略，就是想使诸君先得一个大意。这个题目，讲来很长，打算分作两章。上章从孔子起，到唐代止；下章从北宋起，到现在止。

儒家道术从何时起？孔子以前有无儒学？此类问题留到本论再讲。现在要简单说明的，就是凡一学派，都不是偶然发生，虽以孔子之圣，亦不能前无所承。不过儒家道术至孔子集其大成，所以讲儒学从孔子讲起，未尝不可。孔子学说全部如何，亦留到本论再讲。我们所应当知道的,就是儒家道术,孔子集其大成,以后二千多年,都由孔子分出。在一方面,因为孔子的话,词句简单,而含义丰富,所以后来研究孔子学说的人,可以生出种种解释。同为儒家,下面又分出许多学派。在他一方面,因为孔子的主张,平庸中正,有许多认为不满意的人创为反动学派;既有反动学派发生,孔子弟子及后学受其影响,对于本派学说,或加修正,或全变相。所以从孔子起,分两大支,有因词句简单而解释不同的,有因受旁的影响而改换面目的,不可不加注意。

先讲儒家以外的学派。孔子之后,新出的重要学派,可分为二:(1)墨家。(2)道家。皆起于孔子死后数十年乃至百年。墨家出于孔后,自是不成问题。道家向来认为出在孔前,或与孔子同时,依我看来,都不大对。《老子》五千言,历来认为孔子以前的作品,我一向很怀疑,时间愈长,愈认确实。不是本问题所关,暂不细讲,但因要说明重要学派的顺序,不妨略讲几句。

孔子学说,最主要者为"仁"。仁之一字,孔子以前,无人道及。《诗》及《尚书》二十八篇,皆不曾提到,以仁为人生观的中心,这是孔子最大发明。孔子所以伟大,亦全在此。《老子》书中,讲仁的地方就很多,"失德而后仁,失仁而后义",这全为孔子而发,假使孔子不先讲仁,老子亦用不着破它了。此外压倒仁字的地方还很多,如"天地不仁,以万物为刍狗""上仁为之而无以为""大道废,有仁义""绝仁弃义,民复孝慈"等语,可知老子之作实在孔子的"仁"字盛行以后。不惟如此,义之一字,孔子所不讲,孔子只讲智、仁、勇。仁义对举,是孟子的发明。而《老子》书中,讲仁义的地方亦很多,可知不惟不在孔子之前,还许在孟子以后。孟子辟异端,他书皆引,未引《老子》一句,其故可想而知。这种地方,离开事迹的考据,专从文字下手,虽觉甚空,然仍不失为有力的佐证。此外,尚贤,是墨子所主张的,《墨子》有《尚贤》篇,而老子有"不尚贤使民不争"一语。天道鬼神,是墨子所信仰的,墨子有《天志》篇、《明鬼》篇,而老子有"以道莅天下其鬼不神"一语。旁的不问,专从思想系统入手,《老子》一书,似在孔子以后,墨子以后,甚至于孟子以后啊。从前说九流各家,道家最古,儒家次之,其说非是。应当以儒家为最古,道家亦儒家盛行后一种反动,为儒家之对敌的学派。

墨家方面，出在孔后，更不必辩。《淮南·要略》称："墨子受孔子之道，学儒家之术。"这是说从前研究孔子的道理，后来深感繁重，才从新创立一个学派。墨子是孔子后辈，生于邹鲁之间，其地儒学最盛，年轻时不能不有所习染，《淮南》之说甚是。墨家继儒家而发生，有不以为然的地方，然后独树一帜，因在后辈影响甚深。墨门弟子，亦与儒家有密切关系，如禽滑釐，曾学于子夏，一面为墨家大师，一面为孔门再传弟子。

道家方面，既然《老子》一书，不在孔子之前，则庄子与老子的先后，亦成为问题了。向称老庄，若使庄子在前，当改称庄老才是。庄子地位，在道家极为重要，比禽滑釐之在墨家，还要重些。庄子学于田子方，田子方学于子夏，所以庄子一面是道家大师，一面是孔门三传弟子。

由此看来，道墨两家，亦可以说是儒家的支派，先是承袭，后才独立；先是附庸，后为大国。惟旁的儒家，无论如何变化，仍称孔子之后。道、墨两家既盛，与儒家立于三分的地位，就不承认是孔子之后了。恰如齐桓、晋文，虽握霸权，仍尊周室，楚庄王、吴夫差，一握霸权，便不承认周室的地位，情形正复相同。我们再看，最初的儒家，因为道墨二家独立后，倡为反对的论调，与儒家以极大的影响，儒学自身，亦有许多变迁。

现在再讲孔门直接的学派。《韩非子·显学》篇说："自孔子之死也，有子张氏之儒，有子思氏之儒，有颜氏之儒，有孟氏之儒，有漆雕氏之儒，有仲良氏之儒，有孙氏之儒，有乐正氏之儒……儒分为八。"韩非生当始皇的时候，离战国最近，其说当甚可靠。此种八家，现在可考者，惟孟、孙二家。自余六家无考，其著作见于《汉书·艺文志》的，有《子思》二十三篇，《漆雕子》十三篇，然后代亦皆丧失，殊可惋惜。此外四家，在汉朝时已经看不着了。

果如韩非所言，战国之末，儒分为八，我们诚然相信，但最初儒家的分裂，恐没有如此复杂。现在姑且假定，孔子死后，最初分为二派，有子是一派，曾子是一派。所以《论语·学而第一》章，先说，"子曰：'学而时习之，不亦乐乎！'"继说，"有子曰：'其为人也孝弟，而好犯上者鲜矣。'"又说，"曾子曰：'吾日三省吾身。'"子是孔子。总观《论语》全书,除孔子外,称子者,唯有若、曾参二人。颜渊称渊而不称子,因颜渊早死,其学不传。子夏、子贡,亦不称子。此中消息,殊耐寻味啊!《孟子·滕文公上》说:"昔者孔子没……他日子夏、子张、子游以有若似圣人,欲以所事孔子事之,强曾子。曾子曰:'不可。'……"这并不是曾子有意与有子为难,徒争意气,实际是因为两人学派,大不相同,所以就各人走各人的路了。

大概子夏、子游、子张三人,因为孔子死后,门下散落,不能不要一个统率的人,而有若年最高、德最重,故推举他,做孔门领袖。可知子夏、子游、子张,同是一派。这一派大概对于孔子所说的话,所删定的经典,为形式的保守,异常忠实,以有若为其代表。后来荀子说:"其数始于诵经,终于习礼。"可以说是从这一派演出。

曾子另为一派,不注重形式,注重身心修养,对于有若一派,很有些不同的地方。据说,曾子的弟子是子思。曾子著作《大戴礼》有十篇,虽未必能包举他学说的全部,也可据以窥见一斑。子思著作,现存者为《中庸》。《汉书·艺文志》有《子思》十八篇，今原书虽佚，或者《礼记》中还有若干篇是他的作品。后来孟子专讲存心养气，可以说是从这一派演出。照这样的分法，孔子死后，门弟子析为二派：一派注重外观的典章文物，以有若、子夏、子游、子张为代表；一派注重内省的身心修养，以曾参、子思、孟子为代表。春秋战国时代的儒学情形，大概可以了然了。

孔子道术方面很多，如前所述，一方面讲内圣，一方面讲外王。可见他不单注重身心修养，并且注重政治社会情形。孔门分四科：一德行，注重修养，后人称为义理之学；二言语，注重发表，后人称为词章之学；三政事，注重政治，后人称为经济之学；四文学，注重文物，后人称为考证之学。这样四科，亦还不能算孔子全部学问，至多不过圣人之一体而已。四科之外，还有许多派别不可考的。如韩非子所说儒分为八，其中孟、孙二派，有书传世，可以明白，前面已经说过；子思一派，由《中庸》及《礼记》可以窥见一斑，也用不着再讲。惟漆雕氏一派，即《论语》上的漆雕开，《汉书·艺文志》有《漆雕子》十三篇，可见得他在孔门中，位置甚高,并有著书,流传极盛。在战国时,俨然一大宗派。至其精神,可于《韩非子·显学》篇所说"不色挠,不目逃,行曲则违于臧获,行直则怒于诸侯,世主以为廉而礼之"几句话中,窥见大概,纯属游侠的性质。孔门智、仁、勇三德中,专讲勇德的一派,孟子书中所称北宫黝养勇、孟施舍养勇,以不动心为最后目的,全是受漆雕开的影响。其余颜氏、子张氏、仲良氏、乐正氏四派,本人的著作,既不传世,旁人的著作,又没有提到他们,所以无从考见了。这是我们认为很不幸的一件事情。

孔子死后,有七十子,七十子后学者,一传再传,门弟子极多,学派亦很复杂。要研究这些人的学说,只有大小戴的《礼记》,还有一部分材料可考。其中十之二三,是七十子所记,十之七八,是七十子后后学所记。自孔子至秦,约三百年,自秦至二戴,又百余年,时间如此的长,派别如此的复杂,而材料如此的短少,研究起来,很觉费事。我们根据《汉书·艺文志》,看孔门弟子的著作,有下列几种:《子思》,二十三篇;《曾子》,十八篇;《漆雕子》,十三篇;《宓子》,十六篇;《景子》,

三篇;《世子》,二十一篇;《李克》,七篇;《公孙尼子》,二十八篇;《芈子》,十八篇。可见西汉末年,孔子弟子及再传弟子,著作行世者,凡有九家。至此九家的内容如何,可惜得不着正确资料,很难一一考证。大概这几百年间,时代没有多大变化,外来影响亦很少,不能有好大异同,可以附在孔子之后,一同研究。自春秋经战国迄秦,儒学变迁,其大略如此。两汉儒学,下次再讲。

凡一种大学派成立后,必有几种现象:

1. 注解。因为内容丰富,门下加以解释。这种工作的结果,使活动的性质,变为固定,好像人的血管硬化一样,由活的变成死的,这是应有现象之一。

2. 分裂。一大学派,内容既然丰富,解释各各不同,有几种解释,就可以发生几种派别。往往一大师的门下,分裂为无数几家。这也是应有现象之一。

3. 修正。有一种主张,就有一种反抗。既然有反抗学说发生,本派的人,想维持发展固有学说,就发生新努力,因受他派的影响,反而对于本派,加以补充或修正。这是应有现象之一。

地不论中外，时不论古今，所有各种学派，都由这几种现象，发动出来。儒家哲学，当然不离此例，所以儒家各派亦有注解，有分裂，有修正。

自孔子死后，儒家派别不明，韩非所说儒分为八，亦不过专指战国初年而言，经战国及秦到汉数百年间，派别一定很多。七十子后学者的著作，留传到现在的，以大小《戴记》为主，共八十余篇，其中讲礼仪制度的，约占三分之二。大概自孔子死后，子夏、子游、子张，留传最广。因孔子以礼为教，一般人皆重礼。对于礼的内容，分析及争辩很多，《小戴记》的《檀弓》《曾子问》，都不过小节的辩论。这种解释制度、争论礼仪，就是上面所说的第一第二两种现象。所以子夏、子游、子张以后的儒家，一方面是硬化，一方面是分裂。

同时道家之说，孔子死后，不久发生。老庄的主张，在《论语》中，可以看出一点痕迹，《论语》说："君子质而已矣，何以文为？"又说，"或曰：'以德报怨，何如？'"这类话，很与道家相近。道家在孔子后，然为时甚早，孔子死后，不久即发生，与儒家对抗，对于儒家的繁文缛节，予以很大的打击。因为受敌派的攻击，自己发生变化，就是上面所说的第三种现象，补充或修正前说。

儒家自己发生变化，究竟如何变法呢？我们看《易经》的《系辞》与《文言》，其中有好多话，酷似道家口吻。本来《十翼》这几篇东西，从前人都说是孔子所作，我看亦不见得全对。《系辞》与《文言》中，有许多"子曰"，不应为孔子语。孔子所作，当然不会自称"子曰"，就是没有"子曰"的，是否孔子所作，还是疑问。因为有"子曰"的，皆朴质与《论语》同，无"子曰"的，皆带有西洋哲学气味。大概《系辞》与《文言》，非孔子作，乃孔子学派分出去以后的人所作。其中的问题，从前的儒家不讲，后来的儒家，不能不讲了。

头一步所受影响，令我们容易看出者为《系辞》与《文言》，其次则为《礼记》中的《大学》《中庸》《乐记》等著作，大抵皆受道家影响以后，才始发生。所以曾子、子思一派讲这类的话就很多，《中庸》一篇，郑玄谓为子思作，我们虽不必遽信，但至少是子思一派所作。孟子受业子思之门人，所受影响更为明显。孟子之生，在孔子后百余年，那个时候，不特道家发生了很久，而且杨朱、墨翟之言盈天下。既然群言淆乱，互相攻击，儒家自身，不能不有所补充修正。

孟子这一派的发生，与当时社会状况，有极大的关系。因为春秋时代，为封建制度一大结束，那时社会很紊乱，一般人的活动，往往跑出范围以外，想达一种目的，于是不择手段。孟子的门弟子，就很羡慕那种活动，所以景春有"公孙衍、张仪岂不诚大丈夫哉"的话。可见得当时一般社会都看不起儒家的恬适精神。人群的基础，异常摇动，孟子才不惜大声疾呼的，要把当时颓败的风俗人心，唤转过来。

孟子与孔子，有许多不同之点。孔子言"仁"，孟子兼言"仁义"。什么叫义？义者，应事接物之宜也。孟子认为最大的问题，就是义利之辨，其目的在给人一个立脚点，对于出入进退，辞受取与，一毫不苟。所以孟子说："得志与民由之，不得志独行其道。"又说，"一芥不以与人，一芥不以取诸人。"都是教人高尚明哲，无论如何失败，有界限，有范围，出了界限范围以外，就不做去。可以说对于当时的坏习气，极力校正。

孔子智仁勇并讲,所以说"智仁勇三者,天下之达德也"。孟子专讲勇,所以说"我四十不动心""我知言,我善养吾浩然之气"。以仁弘义,以义辅仁;仁以爱人,义以持我。这种方法,孟子极力提倡,极力讲究。

孔子对于性命,不很多讲,或引而不发,孔子门人常说:"子罕言命,性与天道,不可得而闻也。"当孟子的时候,道家对于这部分,研究得很深,儒家如果不举出自己的主张,一定站不住脚,所以孟子堂堂正正地讲性与天道,以为是教育的根本。《孟子》七篇中,如《告子上》《告子下》大部分讲性的问题,自有不必说。其余散见各篇的很多,如"大人者,不失其赤子之心者也""古之人,所以大过人者,无他焉,善推其所为而已矣""人之所不虑而知者,其良知也;人之所不学而能者,其良能也""先立乎其大者,则其小者不能夺也",这类话,对于当时章句之儒咬文嚼字的那种办法,根本认为不对。

孟子以为人类本来是好的,本着良知良能,往前做去,不必用人家帮忙,不必寻章摘句、繁文缛节地讨麻烦,自己认清,便是对的。这种学说,可谓对于孔子学说的一种补充,扫除章句小儒的陋习,高视阔步地来讲微言大义,我们可以说儒家至孟子,起一大变。

孟子以后,至战国末年,一方面社会的变迁更为剧烈,一方面道墨两家,更为盛行,尤以墨家为最盛。《韩非子·显学》篇说,"今之显学,儒墨也"。战国末年,儒墨并举,两家中分天下。墨家对于知的方面,极为注重,以知识作立脚点,为各家所不及。即如《经上》《经下》《经说上》《经说下》诸篇,对于客观事物,俱有很精确的见解。所以当时墨学,几遍天下。同时因为社会变迁更大的结果,豪强兼并,诈伪丛生,而儒家严肃的道德观念,被社会上看作迂腐。除道墨盛行、社会轻视以外,儒家自身亦有江河日下的趋势。孟子道性善,说仁义,有点矜才使气。孟门弟子,愈演愈厉,一味唱高调,讲巨子,末流入于放纵夸大。从这一点看去,后来王学一派,有点近似,阳明本身,尚为严肃,门弟子则光怪陆离,无奇不有。因为孟派末流,有许多荒唐的地方,所以那时儒家,很感觉有补充修正的必要,于是乎荀卿应运而出。

《史记·孟荀列传》称:"荀卿嫉浊世之政,亡国乱君相属，不遂大道而营于巫祝，信禨祥①，鄙儒小拘，如庄周等又滑稽乱俗，于是推儒墨道德之行事，兴坏序列，著数万言。"太史公这几句话，很能说出荀派发生的动机。当时儒家末流，有许多人，专靠孔子吃饭。《非十二子》篇说："……偷儒惮事，无廉耻而耆饮食，必曰君子固不用力，是子游氏之贱儒也。"记得某书亦说，人家办丧事，儒者跑去混饭吃，这正是太史公所谓鄙儒小拘。而庄周末流则又滑稽乱俗，很能淆惑视听。庄周是否儒家，尚是问题，庄周出于田子方，田子方是子夏的门生。孟子出于子思，子思是曾子的门生。庄孟二人，很可以衔接得起来。在这儒道末流，俱有流弊的时候，荀卿这派，不得不出头提倡改革了。

前面说墨家长处，在以知识为立脚点。荀子很受他们的影响，对于知识，以有条理有系统为必要，他的《解蔽》《正名》诸篇，所讨论都是知识的问题。譬如论理的凭借是什么，知识的来源是什么，这类问题，孔孟时所不注重，到了荀子，就不能不注重了。这是荀子受

---

① 禨祥：指祈禳求福之事。禨，读音为 jī。

墨家的影响，而创为儒家的知识论。此外受墨家影响的地方还多，墨子有《天志》《明鬼》论，最信鬼神，荀子的《天论》等篇，正是对墨而发，与墨子持反对的论调。

当时一般人，对于严肃修养的功夫，都认为迂腐，不肯十分注重。孟子一派，虽提出自己的主张，不特不能救鄙儒小拘的学风，甚或为作伪者大言欺人的工具。到了荀子，极力注重修养，对于礼字，从新另下定义。孔子言仁，孟子言义；荀子言礼，以礼为修养的主要工具。孟子主张内发；荀子主张外范。孟子说性是善的，随着良知良能做去；荀子说性是恶的，应以严肃规范为修束身心的准绳。所以荀子的学说，可以说是战国末年对于儒家的一大修正。

今天所讲孟荀学说，讲得很简单，以下另有专篇，专门讲他二人。自孔子死后，儒家的变迁，其大概情形如此。还有一种现象，西汉以前，儒家学派，可以地域区分，所谓齐学鲁学，风气各自不同。鲁是孔子所居的地方，从地理方面看，在泰山以内，壤地褊小，风俗谨严；从历史方面看，自周公以来，素称守礼之国，又有孔子诞生，门弟子极多。鲁派家法，严正呆板狭小，有他的长处,同时亦有他的短处。齐与鲁接壤,蔚为大国,临海富庶,气象发皇,海国人民,思想异常活泼。直接隶属孔门的时候,齐鲁学风,尚无大别,以后愈离愈远,两派迥不相同了,若以欧洲学风比之,鲁像罗马,齐像希腊。

齐派学风的特色,可以三邹子作为代表。《史记·孟荀列传》称:"齐有三邹子,其前邹忌……其次邹衍……邹奭。"三邹是否儒家,尚待研究,虽非直接由儒家出,但亦受儒家的影响。邹衍主九州之外,尚有九州,可见其理想力之强,但彼好推言"终始五德之运"这种学说。衍为方士的思想(不是道家),司马谈《六家要旨》,名之为阴阳家,后代相仍未改。这种人,以儒者自居,社会上亦把他们当作儒者看待。秦始皇坑儒生,人皆以为大罪,其实所坑的儒生七十余人,都是方士阴阳家一派。如卢生、韩生最初替始皇求不死之药,历年不得,又造为种种谎语,始皇才把他们坑杀了。这一派在战国末年颇盛,如果说是由儒家变出,可以说是由齐派演化出来。

自秦以前,同为儒家,有齐鲁两派,其不同之点,既如上述。到汉,两派旗帜,更为显明,甚至于互相攻击。汉人对于儒家的贡献，只是他的整理工作，旁的很少值得注意的地方。凡是一个社会，经过变化之后，秩序渐趋安定，就做整理的功夫，所以汉人发明者少。一部分的精神，用在整理方面，一部分精神，用在实行方面，汉代四百年间，其事业大致如此。

至于思想学术，汉代亦较简单，汉时墨家业已消灭，只剩道儒两家。道家整理工作的表现，在于《淮南子》。《淮南子》一书，可谓战国以来，总括许多学说，为一极有系统之著述。儒家整理工作的表现，在于治经。汉儒治经分今文古文两派，西汉为今文独盛时代，东汉为今古文互争时代。东汉前半，今文很盛，到了末年，大学者都属古文家[①]，今文纯至消灭。西汉全期，今文家都很盛，古文家不过聊备一格而已。

西汉经学，共立十四博士。计《易》有施、孟、梁丘三家，均出田何，为齐派。《书》有欧阳、大小夏侯三家，均出伏生，为齐派。《诗》有鲁、齐、韩三家，齐诗出于齐派。《礼》有大小戴及庆氏三家，与齐无关，为鲁

---

① 许多版本为古文派。——编者注

派。《春秋》有严、颜两家，均出公羊，为齐派。总观十四博士之中，九家出齐。此外《论语》有《齐论语》及《鲁论语》。以此言之，西汉儒学，大部属齐，鲁学很衰。《春秋》之《穀梁》学属鲁派，然西汉时无博士，其学不昌。惟鲁诗极发达，齐诗、韩诗，俱不能及。

齐派学风的特色，在与阴阳家——邹衍一派结合，上文业已提到过了。即如《易》的施、孟、梁丘三家，今无传，当时所讲，占验象数为多；伏生《尚书》，讲中候五行，《大传》亦多与阴阳结合；齐诗讲五际六情；《公羊春秋》，多讲灾异。西汉学风，齐派最盛，其中颇多方士及阴阳家语。

西汉末年，古文始出。古文家自以为孔派真传，斥今文为狂妄；今文家自以为儒学正宗，斥古文为伪作。汉时所谓今文古文之辩，各部经都有，而《周礼》《左传》，辩论最烈，其后马融、贾逵、服虔、许慎、刘歆皆从古文，是以古文大盛。今文家专讲微言大义，对于古书的一字褒贬，皆求说明；古文家专讲训诂名物，对于古书的章句制度，皆求了解。古文家法谨严，与鲁派相近；今文家法博大，与齐派相近。所以两汉经学，一方面为今古文之争,一方面即齐鲁派之争。自郑玄杂用今古文,今古学乃复混。

上面说,西汉经学,立十四博士,有今文古文的争执,有齐派鲁派的不同。又说两汉工作,最主要的是解经方法,鲁派即古文家,注重考释,专讲名物训诂,齐派即今文家,颇带哲学气味,讲究阴阳五行。这些都是经生,没有什么特别的地方,可以不讲。经生以外,还有许多大儒,他们的思想学术,自成一家,应当格外注意。以下一个一个地分开来讲。

1. 董仲舒。他是西汉第一个学者,受阴阳家的影响,对于儒学,发生一种变化。荀子反对禨祥,对于迷信,在所排斥。董子迷信的话就很多,书中有求雨止雨之事。孟子主性善,荀子主性恶,董子调和两家,主张兼含善恶。公孙弘治《公羊春秋》,董子亦治《公羊春秋》,而弘不逮仲舒远甚。董子学说,具见于《春秋繁露》。全书分三部,一部分解释《春秋》的微言大义,应用到社会上去;一部分调和孟荀的性说,主张成善抑恶;一部分承阴阳家的余绪,有天人合一的学说。

2. 司马迁。他是一个史家,同时又是一个儒家。

《史记》这部著作，初非匡无意义，司马迁在《报任安书》中，自述怀抱说："亦欲以究天人之际，通古今之变，成一家之言。"这是何等的伟大！同时在自序中又说："自周公卒，五百岁而有孔子。孔子卒后，至于今五百岁，有能绍明世，正《易传》，继《春秋》，本《诗》《书》《礼》《乐》之际？意在斯乎！意在斯乎！小子何敢让焉！"这简直以继承孔子自命了。《史记》这部书，全部目录，许多地方，很有深意，在史部中，极有价值。其编制论断，关于儒家道术的地方很多。

3. 扬雄。他是一个完全模仿、不能创作的大文学家，仿《离骚》作《解嘲》，仿《上林》作《长杨》，仿《易》作《太玄》，仿《论语》作《法言》，不过是一个专会模仿的人，在学术界，没有多大价值。但是以时代论，他亦有他的地位。当西汉末年，鲁派经生，专讲章句训诂，解"粤若稽古帝尧"几个字，长到十余万言，琐碎得讨厌。同时齐派末流，专讲五行生克，亦荒诞得不近情理。扬雄能离开经生习气，不讲训诂五行，直追《周易》《论语》，虽然所说的话，大致不过尔尔，犯不着费力研究，但是别开生面，往新路径上走，这又是他过人的地方。

4. 桓谭。他是一个很有新思想的学者,曾作一部《新论》,可惜丧失了,现存的不过一小部分,看不出全部学说的真相。我们所知道的,就是他很受扬雄的影响。儒家自董仲舒以后,带哲学的气味很浓,桓谭生当东汉初年,自然免不了时下风气。《新论》存留,十停只有一二,讲养生无益及形神分合问题,上承西汉时《淮南子》的遗绪,下开魏晋间何晏、王弼的先声。

5. 张衡。他是一个科学家,对于自然界,有很精密的观察,曾造地震计,造得很灵巧,在天文学上,发明颇多。他又是一个大文学家,很佩服扬雄的为人。现在所存的作品有《两京赋》《思玄赋》等,前者纯为文艺性质,后者可以发表思想。扬雄的功劳在开拓,桓谭的功劳在继续,桓张二人,为汉学、魏学的枢纽。

6. 王充。他是一个批评哲学家,不用主观的见解,纯采客观的判断,关于积极方面,没有什么主张,而对过去及当时各种学派,下至风俗习惯,无不加以批评。他是儒家,对儒家不好的批评亦很多,虽然所批评的问题或太琐碎,但往往很中肯,扫尽齐派末流的荒诞思想,在儒家算是一种清凉剂。当时儒家,或者寻章摘句,或者滑稽乱俗,他老实不客气地攻击他们的短处,可以说是东汉儒家最重要的一个人。

汉代儒学,除经生外,最重要的,有此六家,即董仲舒、司马迁、扬雄、桓谭、张衡、王充。其余刘向、刘歆、仲长统、王符、徐幹等,或者关系较小,或者缺乏特异的主张,所以我们不及一一细述了。

汉以后,是魏晋。魏晋之间,儒家发生一种很大的变动。这个时候,在学术方面,汉儒的整理事业,太细密、太呆板,起了硬化作用。在社会方面,经过战国大乱以后,有长时间的太平——战国如像三峡,汉代好比大湖——安定久了,自然腐败。一方面,儒家的呆板工作,有点令人讨厌;一方面,社会既然紊乱,思想亦因而复杂。所以魏晋之间,学术界急转直下,另换一个新方面。

这个时候,道家极为发达,士大夫竞尚清谈。研究儒学的人,亦以道家眼光,看儒家书籍,摆脱从前章句训诂的习惯,从新另下解释。这种新解释,虽然根据道家,但亦非完全不是儒家。儒家自身,本来有类似道家的话，两汉时代未能发挥，到了魏晋，因为发生变动，才把从前的话，另外估定一番。最主要的经学家，有下列几位。

1. 王弼。他是一个青年著作家，曾注《周易》及《老子》，两部俱传于世，学者成就之早，中外古今，恐怕没有赶得上他的。他死的时候，不过二十四岁，能够有这样大的成绩，真不可及。我们可以说中国文字不消灭一天，王弼的名字保存一天。今《十三经注疏》所用《周易》，即魏王弼、晋韩康伯二人所注。《易》本卜筮之书，末流入于谶纬①，王弼乘其敝而攻之，遂能排击汉儒，自标新学。像王弼的解释，是否《周易》本意，我们不得而知，但不失为独创的哲理，在学术史上，有相当的地位。

2. 何晏。他同王弼一样，也是一个引道入儒的哲学家，曾注《论语》，在当时很通行。后来朱注出现，何注渐衰，然在经学界，仍有很大的权威。何晏以前的《论语》注，尽皆散失，惟何注独受尊崇，其思想支配到程朱一派。朱虽亦注《论语》，但不出何晏范围。王、何二

---

① 谶纬：汉代流行的神学迷信。读音为 chèn wěi。

人，都是对汉儒起革命，所作论文极多，可惜皆不传了。何著《圣人无喜怒哀乐论》，王著《驳论》，全篇今失，只剩百余字，见《全上古三代秦汉三国六朝文》。有许多问题，古人所不讲的，喜怒哀乐也就是其中之一，魏晋间人很喜欢提出这类问题。

3. 钟会。他是一个军事家，同时又是一个学者。曾作《四本论》，讲才性的关系，持论极为精核，原文丧失。《世说新语·文学》篇说："钟会撰《四本论》，始毕，甚欲使嵇公一见。置怀中。既定，畏其难，怀不敢出，于户外遥掷便回急走。"注："《魏志》曰：会论才性同异，传于世。四本者，言才性同、才性异、才性合、才性离也。尚书傅嘏论同，中书令李丰论异，侍郎钟会论合，屯骑校尉王广论离，文多不载。"在当时很流行的，可惜我们看不见了。此类问题，孟子、荀卿以后，久未提及，他们才作翻案，四家各执一说，在学术界上很有光彩。自王、何起，直至南朝的宋、齐、梁、陈，都承继这种学风，喜欢研究才性、形神一类的问题。

4. 嵇康、阮籍。他们同王弼、何晏一样，都是讲虚无、喜清谈，至其著作，见于《汉魏六朝百三家集》的很不少。嵇康好老庄之学，研究养性服食一类的事情，尝著《养生论》《声无哀乐论》，以道家的话，调和儒家。阮籍诗作得很多，从诗里面，可以看出他的见解的一部分，散文有《达庄论》，阐明无为之贵。嵇、阮同当时的山涛、向秀、刘伶、阮咸、王戎号称竹林七贤，都是调和儒老、蔑弃礼法一流的人物，彼此互相标榜，衍为一时风气。

5. 陶渊明。他是一个大诗人，思想极其恬静，人格极其高尚，同时他又是一个儒家，崇法孔子的话很多。他的论文有《归去来兮辞》《桃花源记》等，可以看出他厌恶当时的污浊社会，游心于世外的理想生活。他的诗很多，作得都很好。关于讨论哲学问题的，有《形神问答诗》，可见其个人思想所在，又可以见社会风尚所在。

6. 潘尼、顾荣。他们两人，是宋学很远的源泉。潘尼作《安身论》，根据老子的哲理，大讲无欲，并以无欲解释儒家经典。顾荣作《太极论》，亦根据道家哲理，大讲阴阳消长，并以太极解释宇宙万有。后来周濂溪一派，即从潘、顾二人而出，无极太极之辩，亦成为宋代一大问题，可见得宋学渊源之远了。

魏晋儒学，最主要的，大致有此八家，即王弼、何晏、钟会、阮籍、嵇康、陶渊明、潘尼、顾荣。此外如葛洪的《神仙论》、鲍敬言的《无君说》、纪瞻的《太极说》，亦皆各有各的见解，蔚为魏晋哲学的大观。现在因为时间的关系，只得从略。

大概说起来，魏晋南北朝学风，都以《老》《易》并举，或以黄老并举，将儒道两家，混合为一。所以魏晋学者，在在①带点调和色彩，而道家哲理，成为儒家哲理的一部分。同时自东汉末叶以来，佛教已渐输入，三国因为书少，未能全盛，东晋则大发达。梁武帝时，势力尤巨，一般学者，往往认儒佛为同源，不加排斥。如沈约作《均圣论》，即谓孔佛一样。孙绰作《喻道篇》，谓"周孔即佛，佛即周孔"。张融作《门论》，周颙作《难张长史门论》，都主张三教一致。顾欢作《夷夏论》，亦称道佛二教，同体异用。当时大部分儒者，不以老庄释儒，即以佛教释儒，三教同源，成为一时的通论了。

对于这种三教调和论，作有力反抗的，据我们所知，

---

① 在在：处处；到处。

有两个人。一个是裴頠，西晋时人①，作《崇有论》，反对虚无主义。王衍他们，极力攻诘他，但是没有把他攻倒。一个是范缜，梁武帝时人，作《神灭论》，反对明鬼主义。梁武帝敕曹思文等六十三人攻诘他，亦没有把他攻倒。像这种有无的争辩，神灭神不灭的争辩，在六朝学术界，很有光彩，与前几年科学与玄学之战差不多。我们看王衍、梁武帝，虽然反驳，然不压迫言论自由，这种态度，是很对的。又看裴頠、范缜，在清谈玄妙的六朝居然敢作这种反时代的主张，亦可谓豪杰之士了。

南北朝的儒家，对于经学，亦很重视，而南北色彩不同。南朝另辟门径，王弼、何晏这派，很有势力。北朝则仍受汉儒家法，马融、郑康成这派，很有势力。《北史·儒林传》总论里面，有这两句话："南学简洁，得其精华；北学深芜，穷其枝叶。"这个话，虽然偏袒南学，然可见南北学风，迥不相同了。

南朝的学风，专从几部经中，求其哲理，对于汉儒家法，极端反对。如《南史·儒林传》所称何承天、周

---

① 原文认为裴頠为东晋时人，有误。——编者注

弘正、雷次宗、刘瓛、沈麟士、明山宾、皇侃、虞喜、周抚、伏曼容一流，十分之九，皆信仰老庄，或崇拜佛法。《南史》常用"缁素并听若干人"等字，可见得每次讲演，和尚道士，前往听讲的很多。所以南朝经学家，大多数以道佛的哲理，解释儒家的学说。

北朝的学风，带点保守性，专从名物训诂上着手，一依马郑以来旧法。如《北史·儒林传》所称卢玄、刁冲、刘兰、张吾贵、李同轨、徐遵明、熊安生、刘焯、刘炫一流，大体皆墨守汉儒家法，释经极其谨严。后来，唐代陆德明作《经典释文》，孔颖达作《五经正义》，贾公彦作《周礼仪礼疏》，以及徐彦的《春秋公羊传疏》，杨士勋的《春秋穀梁传疏》，皆有底本，出自本人者极少。徐遵明、熊安生、刘焯他们的底本，由孔颖达、贾公彦等整理一番，成为现在的《十三经注疏》。

总之，南朝富流动性，受佛道的影响；北朝富保守性，受汉儒的支配。这是南北学派的大概情形。惟北朝末年，稍起变动。徐遵明为北朝第一学者，后人注疏，多本其说。他最初从许多人为师，皆不以为然。有人告诉他说，这样下去，绝对不会成功，后来他才改换方针，专以本心为师，上承孟子，下开象山。北朝前期，虽极保守，到了末年，徐遵明以后，已经有很大的变迁了。

隋朝统一天下，南北混同，车马往还，络绎不绝。因政治上交通上的统一，全部文化，亦带调和色彩，即文艺美术，亦在在有调和之倾向。最足以代表时代学风的，有两个人，一个是颜之推，一个是王通。

1. 颜之推。他是南方人，后来迁往北方，受南方的影响不少，受北方的影响亦很大。他作《颜氏家训》，对于北方严正的章句训诂，非常注意；对于北方保守的风俗习惯，亦很赞成。他的《归心》篇主张内外一体、儒佛一体，是想把两教调和起来的。

2. 王通。他是北方人，亦受南方的影响。这个人，事事模仿，很像扬雄一样。生平以孔子自命，曾作《礼论》二十五篇，《乐论》二十篇，《续书》百五十篇，《诗》三百六十篇，《元经》五十篇，《赞易》七十篇，谓为《王氏六经》，后来门弟子尊称他叫文中子。他的著作，有人说是博洽，有人说是荒唐，现在暂且搁下不讲。但他不同徐、刘一派专做名物训诂的功夫，而能另辟蹊径，直接孔子，这是他独到的地方。他对于佛教，一点不排斥,并且主张调和,亦持儒佛一体的论调。

隋代儒家,不论南北,都主调和儒佛。即如徐遵明、刘焯诸大经师,对佛教不大理会,要是理会,必定站在调和的地位,颜之推、王通就是很好的代表。自两汉至六朝,儒学变迁,其大概情形如此。

唐朝一代,头等人物,都站在佛教及文学方面,纯粹讲儒家哲学的人,不过是二三等角色。专就儒学而论,唐代最无光彩。初唐时有名经师,如陆德明、孔颖达、贾公彦等,仍遵汉学家法。《十三经注疏》中重要之疏,皆为所作,在经学界很有名,但是实际上都不能算是他们作的,不过根据前人成绩,加以整理而已。唐人所讲各经正义及义疏,大半采自熊安生、刘炫、刘焯等著作。这一派北朝学者,对于各经的疏,考据得很有成绩,唐人把它聚集起来,加以整理,不能说是独创。其中稍值得注意的,就是因政治的南北统一,而学术上(经学)的南北混合亦随而成立。北派所宗之马融、郑玄、贾逵、服虔,与南派所宗之王弼、王肃、杜预,从前取对立的形势,至此便趋到调和的形势。

中唐以后,所谓经学家,如啖助、赵匡一流,尚能开点新局面，对于汉魏六朝以来那种烦碎支离的解经方法，认为不满，要脱去陈旧束缚，专凭自己聪明，另求新意。韩愈送卢仝的诗说道"春秋三传束高阁，独抱遗经究终始"这两句话，很可以代表当时的一般精神。

他们虽有另求新意的倾向，可惜没有把门路创出来，不如近人研究经学这样地切实、精密。清朝像王念孙，是很革命的，在小学上、文法上，另外找根据。近人如王国维，亦是很革命的，在钟鼎上、龟甲上，另外找根据。这种精神，很合科学。啖助、赵匡等，没有好的工具，但凭主观见解，意思不合，随意删改。这样方法，容易武断，在经学上，占不到很高的位置。

汉人解经，注重训诂名物，宋人解经，专讲义理。这两派学风，截然不同，啖、赵等在中间，正好做一枢纽。一方面把从前那种沿袭的解经方法，推翻了去；一方面把后来那种独断的解经方法，开发出来。啖、赵等传授上与宋人无大关系，但见解上很有关系，承先启后，他们的功劳，亦自不可埋没啊！

唐代头等人才，都站在佛教方面。佛教在唐代，亦起很大的变迁，其变迁直接间接影响于儒学者不少，所以我们欲明白儒学嬗①蜕的来历，不能不把当时的佛教略加说明。佛教的发达，在南朝从东晋末年到梁武帝时代，在北朝从苻秦、姚秦到魏、齐，都占思想界极重要地位。到隋及初唐，遂达全盛。前此的佛教，概自印度传入，用印度方法，解释佛经，很忠实，很细密，这是它们的长处；但是逐字逐句的疏释，落了熊、刘、孔、贾一派的窠臼，很拘牵，很繁琐，这又是它们的短处。

唐以前，全为印度佛教，不失本来面目。唐中叶——约在武后时代，佛教起很大的变化，渐渐离开印度佛教，创立中国佛教，主要的有三派。慧能的禅宗是一派，六朝时已具端倪，至唐始盛；澄观的华严宗是一派，华严大师并在唐代；智𫖮的天台宗是一派，自隋以来，业已大大发达。

1. 禅宗。从前学佛，要诵经典。现在的《大藏经》，有七千卷，在唐时，约六千卷。经典既浩繁，解释又琐碎，后来许多人，厌恶读经典。禅宗六祖慧能出，主张顿悟，不落言诠，很投合一般人的心理。据说慧能不识

---

① 嬗：蜕变；演变。读音为 shàn。

字，在五祖弘忍门下，充当打杂。五祖门下有许多弟子，天天讲经守律，五祖没有看重他们，独于把他的衣钵传给这个打杂的。

到底慧能识字与否，此层尚属问题。但是他主张摆脱一切语言文字，亦可成佛，这是禅宗的特色。自六朝隋唐以来，佛家经典浩如烟海，本来难读，慧能的"即心是佛"，这种主张，算是一种大革命。从前学佛，守律读经，毫无生气。禅宗学佛，不必识字，乃至不必严守戒律，佛教的门庭，大大地打开了。不过真的固然多，假的亦不少。从前还要读书，还讲说经，须得有真学问，下苦功夫。现在不必读，不必说，当头棒喝，立地觉悟，自然可容假托的余地。

因为佛教这样，儒家亦受影响，儒佛之界破了许多。在佛教方面从事研究的人，不必读经，不必守戒，所以佛教因为禅宗之起，势力大增。在儒家方面，亦沾染禅宗气息，治经方法，研究内容，完全改变。儒家在北朝时专讲注疏，中唐以后，要把春秋三传，束之高阁，这是方法的改变。儒家在北朝时，专讲训诂名物，中唐以后主张明心见性，这是内容的改变。所谓去传穷经，明心见性，与佛教禅宗，大致相同。

2. 华严宗。华严这派同禅宗那派，普通都说是自印度来，其实不对。禅宗，绝对不出自印度。华严，亦许来自于阗①，不是中土所创。华严最主要的教义，就是"事理无碍"。这句话，有三面："事理无碍，事事无碍，理理无碍。"佛教讲出世法，离开这个社会，另寻一种乐土。华严讲世法与出世法不相冲突，现象界与真如界一致。华严要想缓和儒佛之争，儒家讲世法，过现实的生活，佛教讲出世，求极乐的世界，二种主张相反，要想调和，只好讲事理无碍了。

这一派的创始者，为澄观，即清凉国师。其自著及释佛，俱引儒家的话，所谓儒佛融通。后来宗密，即圭峰就是承继这派学说，而融通儒佛的色彩，更为显著。宗密著《原人论》，综合古来论性诸家，而自下心性本原的定义，可以谓之宋学根本。宋儒讲心性，皆由原人论及理事无碍观，推演而来。

3. 天台宗。这一派，在隋末，智𫖮，即智者大师初

---

① 于阗：古西域国名，在今新疆和田一带。阗，读音 tián。

创时，尚与儒家无大关系。唐中叶以后这派的湛然即荆溪，与华严宗的澄观，所持态度相同。大抵以儒释佛，两教才始沟通。但是天台与华严，又不一样，天台讲修养身心的方法，华严讲世法与出世无碍。一个偏于方法，一个偏于理论，这是不同的地方。

中唐有一个梁肃，他是唐代的大文学家，没有做和尚，但实际上却是天台宗的健将。数天台宗的人物，当然离不了他。可是他确未落发，表面是一个儒者，骨子里是一个佛徒。湛然以儒释佛，梁肃以佛释儒。有唐一代，这类人很多，儒佛两家，天天接近，其痕迹如此。所以我们讲儒家哲学，不能不把佛教这三宗，简单地说一下。

话说回头，再讲儒家方面。前所谓啖助、赵匡一派，算是经学家，然唐代（除初唐外）纯粹经学家实甚少，以文学家带点学者色彩，这类人多。最主要的有三位，一个是韩愈，一个是柳宗元，一个是李翱。

1. 韩愈。他是一个文学家，同时又是一个儒家。所著《原道》《原性》诸文，都是站在儒家方面，攻击佛教，竟因谏迎佛骨，谪贬潮州。但他是纯文学家，对于佛教知识，固然很少，对于儒家道术，造诣亦不甚深。汉魏六朝的注解功夫，宋以后的修养功夫，他都没有做多少，所以对于儒家，在建设方面，说不上什么贡献。但是他离开旧时的训诂方法，想于诸经之中，另得义理，所谓"独抱遗经究终始"，这是他见解高超处。

2. 柳宗元。他亦是一个文学家，但是他在学问方面的地位，比韩愈高。除研究儒家道术以外，对于周秦诸子（自汉以后，无人注意）都看都读，有批评，有鉴别力。他所著关于讨论诸子的文章，篇篇都有价值。他对于传统的旧观念，很能努力破除，譬如封建制度，儒家向极推崇，他作《封建论》，斥以为非先王之意。

韩柳二人，对于宋学都有很大的影响。韩愈主张"因文见道"，要把先王的法言法行，放在文字里面。后来宋朝的欧阳修、王安石、苏东坡一派，都从韩愈出，同往一条路上走。柳宗元的直接影响不大，但是有胆有识，对于以前的传统观念求解放，治经方法求解放。韩是一个反对佛教论者，柳是一个调和儒佛教论者。子厚于佛教，较有心得，不特不毁，且极推崇，颇主张三教同源。直到现在，这类文字还很多。

3. 李翱。唐末,有一个很重要的人,为宋学开山祖师,就是李翱,字习之。他在文章方面,是韩愈的门生,在学问方面,确比韩愈高明多了。他的言论很彻底,很少模糊笼统的话。他于佛教,很有心得,引用佛教思想,创设自己哲学。这种事业,至宋代才成功,但是最初发动,往创作的路子上走,还是靠他。他最主要的文章,是《复性书》,分上中下三篇,很有许多独到的见解。欲知宋学渊源,可以看这两篇文章:一篇是《原人论》,佛徒宗密所作,一篇是《复性书》,儒家李翱所作。前者有单行本,金陵刻经处可买,后者很普通,见于《唐文粹》,及其他唐人文钞。在唐时,为宋学之先驱者,这两篇最重要,宋学思想,大半由此出。这两篇的思想,相同之处颇多,最主要的,为性二元论。性善性恶,历来讨论很盛,至宋朱熹,调和孟荀学说,分为理气二元。但是这种思想,《原人论》及《复性书》早已有之,于后来影响极大。

自唐末起,历宋、金、元、明,在全国思想界最占势力,为这一派调和儒佛论。佛教方面的澄观、湛然,莫不皆然,而宗密最得精粹。儒家方面的梁肃、柳宗元,莫不皆然，而李翱最集大成。诚然以宋代学术，同他们比较，觉得幼稚肤浅，但是宋学根源，完全在此。不懂他们的论调，就不知宋学的来源。

五代自梁太祖开平元年（907），至周世宗显德六年（959），不过五十二年的时间，天下大乱，文化消沉，无甚可述，我们可以不讲。以下讲宋代，儒家道术，很有光彩，可谓之三教融通时代，亦可谓儒学成熟时代，我们可以另作一章来讨论。

第五章　二千五百年儒学变迁概略（下）

晚唐及五代，经过长时间的内乱，军阀专横，人民不得休息。宋初，承这种丧乱凋敝之后，极力设法补救，右文轻武，引用贤才。所以各种学术，均极发达，儒家道术，尤能独放异彩。后世言学问者，总以汉学宋学并称，不入于彼，则入于此。可以见得宋学的发达及其重要了。

《宋元学案》把孙复及胡瑗，作为宋学祖师。其实他们二人，在宋朝初叶，不过开始讲学，与宋代学风，相去甚远。真正与宋学有密切关系的人，乃是几个道士或文人，如陈抟、种放、穆修、李之才、刘牧等，后来的儒家，都受他们的影响。孙、胡二人，比较平正通达，提倡躬行实践、私人讲学之风，自他们以后而大盛。陈、种等，纯以道教《黄庭经》及练气炼丹之说，附会《易经》，《太极图说》即由他们而出。但是陈、种与王、何不同，王弼、何晏以先秦的道家哲学，附会儒家，陈抟、种放以晚出的道教修炼法，附会儒家。

由此看来，宋初思想界，可以说有两条路，孙复、胡瑗是一派，陈抟、种放又是一派。北宋五子，周濂溪、邵康节、张横渠、程明道、程伊川，就是混合这两派的主张，另创一种新说。宋人所谓儒学正宗，专指五子一派。宋人喜欢争正统，最是讨厌，政治上有正统偏安的争执，学问上有正统与异端的争执。儒学如此，佛教亦然。天台宗分为山内山外两派互争正统，禅宗分为临济、云门、曹洞、沩①仰、法眼五宗，互争正统。

这种正统的争执，是宋人一种习气，暂且搁下不讲。单讲所谓五子，自濂溪到二程，传到后来，为南宋朱学一派。濂溪为二程的先辈，朱派谓二程出于濂溪。横渠为二程表叔，年龄相若，互相师友，朱派谓横渠为二程弟子。平心而论，五家独立，各各不同。泛泛地指为一派，替他们造出个道统来，其实不对。

"五子"这个名词，不过程朱派所标榜而已（后来亦

---

① 沩：读音为 wéi。

除出邵子加上朱子，谓之五子）。北宋学术，不能以五子尽之。当时为学问复兴时代，儒佛融通以后，社会思想起很大的变迁，有新创作的要求，各自努力，不谋而合，遂发生周邵张程这些派别。此外欧阳修、王安石、司马光、苏轼那般人，虽然是政治文章之士，但是他们都在儒学思想界占有相当位置，不可忽视。

1. 欧阳修。他是宋代文学的开创者，诗文皆开一代风气。但他在思想界有很大的贡献，在勇于疑古，他不信《系辞》，对于《诗》《书》及其他诸经，亦多所疑难。所疑难对不对，另一问题，但这种读经法，确能给后学以一种解放。他著有《本论》一篇，继承韩愈《原道》那一派辟佛论调，亦宋儒学术渊源所自。

2. 王安石。他是一个大政治家，同时又是一个大学者。所著各经《新义》，颇能破除从前汉唐人的讲经方法，自出心裁。他的文章精神酣畅，元气蓬勃。文集中，关于心性的文章很多，其见地，直影响到二程（例如"不偏之谓中，不易之谓庸"。朱子引作程子说，其实此二语出于荆公）。

3. 司马光。温公全部精力，都用在史学方面，所著《资治通鉴》，贯串诸史，为编年体中一大创作。文集中，关于讨论哲学问题的文章很多，可见得他在儒学方面，亦是异常地努力。他著有《疑孟》一书，对孟子学说颇多不满。这也难怪，其实温公学术有点近于荀子。

4. 苏轼。苏氏父子，都是大文学家，有《战国策》纵横驰骤之风。在学问上，亦能创立门户，后来蜀学与洛学，立于对抗的地位。东坡对于佛教，不客气地承认，禅宗尤其接近，所作诗文，往往有禅宗思想。他对于道教，亦不排斥，晚年生活，完全变为道家的气味。

大抵这四家，欧阳最活泼，王最深刻，苏最博杂，司马最切实。南宋浙东一派，即由司马而出，对于哲理讲者不多，门下生徒注重躬行实践，所受他方影响，尚不算深。程朱以外的学派，其约略情形如此。

再回头说到北宋五子。

1. 周濂溪。周子《通书》，与程朱一派，有相当的关系，但极简单，可以有种种解释。《太极图说》，与程朱关系很深，在南宋时，曾因此起激烈的辩论。朱子赞成《太极图说》，且认为濂溪所作；陆子反对《太极图说》，且认为非濂溪所作。依我看来，许是周子所作，但是对于内容，我持反对论调，与象山同。象山以为《太极图说》无什道理，定非周子所作，想把这篇划开，周仍不失其为伟大。晦翁以为《太极图说》极其精微，周之所以令人崇拜，完全在此。

然则《太极图说》是怎样一个来历呢？向来研究宋学的人，不知所本，以为周子所独创。清初学者，才完全考订它由陈抟、种放而出，这原是道教的主张。周子从道教学《太极图说》，究竟对不对，那另是一个问题，但是它的影响很大，为构成宋学的主要成分。要是周子除了《太极图说》，专讲《通书》，倒看不出在学术史上有多大关系了。朱派以为二程出于濂溪，其实不然。二程但称周子，不称先生，先后同时，差十余岁，关系异常浅薄。

2. 邵康节。康节从道教的李之才，得图书先天象数之学，探赜索隐①，妙悟神契，环堵萧然，不改其乐。其治学，直欲上追汉的五行，战国的阴阳家、邹衍一派。但他所讲阴阳五行，又与汉人不同，专凭空想，构造一种独创的宇宙观。他认为宇宙万有，皆生于心，所以说：

---

① 探赜索隐：探索幽深隐微的事理。赜，读音为zé。

"先天之学，心也；后天之学，迹也；出入有无死生者，道也。"又说，"先天学，心法也，图皆从中起，万化万事生于心。"我们看邵子这种主张，实际上不是儒家，亦不是道家，自成一派。

邵子言性，亦主性善，以为仁义礼智，性中固有，所以说："性者，道之形体也。道妙而无形，性则仁义礼智具而体著矣。"但是他的主张，又与孟子不同，凡孔孟所讲治学方法，他都没有遵行。他不是和尚，亦不是道士，事事凭空创作，后来的人，没有他聪明的，抄袭他的语言，不能传他的学问，所以影响不大。邵子在学术界，是一个彗星，虽没有顶大的价值，但不失为豪杰之士而已。

3. 张横渠。横渠为宋代大师，在学术界，开辟力极强大。哲学方面，他与二程同时，互相师友，互相发明，不能说谁出于谁，朱派把他认为二程门下，是不对的。横渠不靠二程，二程不靠横渠，关洛各自发达，可以算得一时豪杰之士。他对于自然界，用力观察，想从此等处建设他的哲学的基础，但立论比二程高。二程为主观的冥想，很带玄学色彩；他是客观的观察，很富于科学精神。他主张气一元论，由虚空即气的作用，解释宇宙的本体及现象，与周子的《太极图说》、邵子的先天论，皆不相同。

修养方面，他直追荀卿，专讲礼，并以礼为修养身心的唯一工具。《理窟·气质》篇说："居仁由义，自然心和而体正；更要约时，但拂去旧日所为，使动作皆中礼，则气质自然全好。"宋代学者，于开发后来学派最有力的人，当推横渠及二程，其重要约略相等。横渠死得早，门弟子不多，流传未广。南宋的朱子，受其影响极大。朱自命继承二程，其实兼承横渠，朱子的居敬格物，皆从横渠的方法模仿得来。

4. 二程子。向来的人，都把二程混作一块说，其实两人学风，全不一样。明道①是高明的人，秉赋纯美，不用苦功，所得甚深。伊川②是沉潜的人，困知勉行，死用苦功，所得亦深。以古代的人比之，大程近孟，小程近荀，所走的路，完全不同。大程可以解释孟子，小程可以解释荀子。明道的学问，每以综合为体；伊川的学问，

---

① 明道，即程颢。
② 伊川，即程颐。

每以分析立说。伊川的宇宙观,是理气二元论;明道的宇宙观,是气一元论。这是他们弟兄不同的地方。

程朱自来认为一派,其实朱子学说,得之小程者深,得之大程者浅。明道言仁,尝说:"学者须先识仁,仁者浑然与物同体。"言致良知,又说,"良知良能,皆无所由,乃出于天,不系于人。"开后来象山一派。伊川言涵养须用敬,尝说:"入敬之道始于威仪,而进于主一。"言进学在致知,又说,"穷理即是格物,格物即是致知。"开后来晦翁一派。其详情,下面另有专章再讲,此处可以不说。

大概北宋学派,可以分此九家。纯粹的"苦学派"有五家,即周濂溪、邵康节、张横渠、程明道、程伊川。此外,尚有四家,即欧阳修、王安石、司马光、苏轼。最重要的为横渠及二程。横渠不寿,弟子无多,所以关系不大。二程一派,由谢上蔡、杨龟山、游廌山、吕蓝田、程门四先生,传演下来,成为朱子一派。朱子学问,出于李延平,李延平学于罗豫章,罗豫章出于杨龟山。陆子学问,虽非直接出于明道,然其蹊径,很像上蔡,上蔡又是明道的得意门生。我们可以说大程传谢,谢传陆；小程传杨，杨传朱。北宋学派及其传授大概情形，约略如此。

上面说北宋最著名的学者有五家，号称北宋"五子"。南宋最著名的学者，亦有四家，号称南宋"四子"。

1. 朱熹字晦翁。
2. 张栻字南轩。
3. 陆九渊字象山。
4. 吕祖谦字东莱。

这四家中，朱陆最关重要，宋代的新的儒家哲学，他们二人集其大成。张吕皆非高寿，五十岁前后死，所以他们的门生弟子，不如朱陆之盛。南轩的学风，同朱子最相近，没有多大出入。东莱的学风，想要调和各家的异同。最有名的鹅湖之会，即由东莱发起，约好朱陆同旁的几家，在鹅湖开讲学大会，前后七天。这件事，在中国学术史上，极有光彩，极有意义。吕是主人，朱陆是客，原想彼此交换意见，化异求同，后来朱陆互驳，不肯相让，所以毫无结果。虽说没有调和成功，但两家经此一度的切磋，彼此学风都有一点改变，这次会，总算不白开了。由鹅湖之会，可以看出朱陆两家，根本反对之点，更可以看出东莱的态度及地位如何。

至于朱陆学说的详细情形，留到本论再讲，此刻不过提出两家要点，稍为解释几句。朱子学派，祖述程子——二程子中之小程，即伊川。伊川有两句很要紧的话："涵养须用敬，进学在致知。"他教人做学问的方法如此。用敬，关于人格方面，下功夫收摄精神，收摄身体，一切言语动作，都持谨严态度，坚苦卓绝，可以把德性涵养起来。什么叫"用敬"？就是主一无适之谓。以今语释之，即精神集中，凡做一件事，专心致志，没有做完时，不往旁的想。致知，关于知识方面，不单要人格健全，还要知识丰富。什么叫"致知"？朱子释为穷理，《补大学格致传》说："所谓致知在格物者，言欲致吾之知，在即物而穷其理也。盖人心之灵，莫不有知，而天下之物，莫不有理。惟于理有未穷，故其知有不尽也。是以《大学》始教，必使学者，即凡天下之物，莫不因其已知之理而益穷之，以求致乎其极。"朱子学问具见于文集、语录及《性理大全》，不过简单地说，可以把上面这两句话概括之。

陆子学派，有点像大程，即明道。最主要的，就是立大、义利之辩和发明本心。孟子说:"先立乎其大者,则其小者不能夺也。"陆子将此二语极力发挥。何谓立大?就是眼光大的人,把小事看不起。譬如两个小孩,争夺半边苹果,大打一架,大哭一场。在我们绝对不会如此,因为我们至少还看见比苹果大的东西,就不为小物而争夺了。明人尝说:"尧舜事业,不过空中半点浮云。"就是因为他能立大。所以汉高祖、唐太宗的事业,从孔子、释迦、基督看来,亦不过半边苹果而已。立大,是陆学根本。至于他用功的方法,第一是义利之辩。何谓义利之辩?就是董仲舒所谓"正其谊不谋其利,明其道不计其功"。这个话,从前人目为迂阔,其实不然。做学问就是为学问,为自己人格的扩大崇高,不是为稿费,不是为名誉,更不为旁人的恭维。譬如说捐躯爱国,要是为高爵,为厚禄,为名誉,那全不对,一定要专为国家才行。朱子知南康军事时,修复白鹿书院,请陆子讲演,陆子为讲"君子喻于义,小人喻于利"一章。那天天气微暖,听众异常感动,遂不觉汗流浃背。于此可见陆学的门径了。第二是发明本心。何谓发明本心?就是孟子所说"不失其赤子之心"。陆子亦相信人性皆善,只要恢复本心，自然是义不是利，自然能够立大。做学问的方法无他，"求其放心而已"。本心放失，精神便衰颓；本心提起，志气立刻振作。好像一座大火炉，纵然飞下几块雪片，绝不能减其热烈。陆子这个话，从大程子出，大程子的"识得仁体"，就是陆子的"发明本心"。以现在的话来说，又叫着认识自我。人的本心，极其纯洁，只要认识他，恢复他，一切零碎坏事，俱不能摇动。人看事理不明，因本心为利害所蒙蔽了。

知识方面，朱子以为"天下之物，莫不有理"。而其精蕴，则已具于圣贤之书，故必由是以求之。陆子以为学问在书本上找，没有多大用处，如果神气清明，观察外界事物自然能够清楚。修养方面，朱子教人用敬，谨严拘束，随时随事检点。陆子教人立大，不须仔细考察，只要人格提高，事物即难摇动。所以朱谓陆为空疏，陆谓朱为支离，二家异同，其要点如此。陆不重书本，本身学问虽博，而门弟子多束书不观，袖手清谈，空疏之弊，在所难免。朱子重书本，并且要"即凡天下之物，莫不因其已知之理而益穷之，以求至乎其极"。但天下事物，如此之多，几十年精力，一件都不能穷，又安能即凡物而穷之呢？

两家主张不同，彼此辩论，互不相服。后来有许多人，专讲调和，或引朱入陆，或引陆入朱，而两家门下则彼此对抗。引陆入朱的人，以为自经鹅湖之会以后，象山领悟朱子，子寿尤为敬服。引朱入陆的人，如王阳明，作《朱子晚年定论》，李穆堂又作《朱子晚年全论》，证明朱子晚年，与陆子同走一条路。然站在朱子方面的人，则目王、李为荒唐。平心而论，两派各走各路，各有好处，都不失为治学的一种好方法，互相攻击，异常地无聊。最好各随性之所近，择一条路走去，不必合而为一，更不必援引那个，依附这个。

南宋学派，主要的是朱陆两家，历元明清三代，两派互为消长，直至现在，仍然分立。两派之外，还有两个人应当注意。一个是张南轩，可以说他是朱学的附庸，死得很早，没有多大成就，与朱子并为一派无妨。南轩生在湖南，湖湘学派，与朱子学派，实在没有什么区别。

一个是吕东莱。吕家世代都是有学问的人，所以吕家所传中原文献之学，一面讲身心修养，一面讲经世致用，就是我们前次所说内圣外王的学问。朱陆偏于内圣，东莱偏于外王。东莱自己,家学渊源,很好很有名,虽然早死,而门弟子甚多,后来变为永嘉学派。永嘉学派,最主要的有这几个。一、薛季宣号艮斋。二、陈傅良号止斋。三、陈亮号同甫。四、叶适号水心。他们都是温州一带的人。艮斋止斋,专讲学以致用,对于北宋周程一派,很多不满的批评。以为只是内心修养,拘谨呆板,变为迂腐,应当极力提倡学以致用,才不会偏。同甫气魄更大,颇有游侠之风。他的旗号是"王霸杂用,义利双行"。对于朱子的穷理格物,固然反对,对于陆子的利义之辩,亦很反对。论年代,薛稍早,与朱陆差不多,二陈稍晚。论主张,艮斋和止斋相同,同甫走到极端。东莱本来是浙人,浙江学者大半属东莱门下。东莱死,兄弟子侄门生,全走一条路,就是薛陈所走这条路,以后成为浙派。

朱子自信甚坚,对于旁的学派,辩得很起劲。朱子在学问上的两大敌,一派是金溪,即象山;一派是永嘉,即薛、叶、二陈。朱子很痛心,本来东莱门下,全都和他要好,后来都跑到永嘉一派去了。文集中,与象山和止斋辩论的信很多,语录中,批评陆派和永嘉的话亦很多。朱陆在当时都很盛，朱子门下最得意的是黄勉斋、蔡元定，没有多大气魄，不能够把他的学问开拓出来。其后一变再变，成为考证之学。朱子涵养用敬的工作，以后没有多大发展，进学致知的工作，开后来考证一派。朱派最有光彩的是黄震（东发）、王应麟（伯厚）二人，黄的《黄氏日抄》，王的《困学纪闻》，为朱派最有价值之书。清代考证学者，就走他们这一条路。

象山门下，气象比朱派大。朱子对于象山虽不满，而谓其门下光明俊伟，为自己门下所不及。象山是江西人，在本地讲学最久，但是几个大弟子，都是浙东人，所谓甬上（宁波）四先生，即杨简、袁燮、舒璘、沈焕，得象山的正统。江浙二省，在学术上有密切关系。象山是江西人，其学不传于江西而传于浙东，阳明是浙东人，其学不传于浙东而传于江西。杨、袁、舒、沈是浙东，吕、薛、陈、叶亦是浙东，后来陆派同永嘉结合，清代的黄梨洲、万季野、邵念鲁、章实斋，他们就是两派结合的表现。

南宋四子，实际上只有三派，即朱派、陆派及永嘉派，这三派在当时尚未合一。南宋末年，几乎握手，可惜没有成功。元明以后，朱学自为一派，陆永合为一派，其势力直笼罩到现在。

南宋时代，南方的情形如此，北方的情形，又怎么样呢？北方自金人入主后，中原残破，衣冠之属，相继南迁。所以在宋金对峙时，南方的文化，比北方高。但金至世宗一朝——约与孝宗同时，四五十年间，太平安乐，极力模仿汉化，文运大昌。金方所流行者，为三苏一派，因为模仿东坡父子的文章，连带模仿他们的学术。所以那政治上宋金对峙，学术上洛蜀对峙。北方的人，事事幼稚，文学不振，哲学更差。唯有一人，应当注意，即李纯甫号屏山。宋儒无论哪一家，与佛都有因缘，但是表面排斥。宋儒道学，非纯儒学，亦非纯佛学，乃儒佛混合后，另创的新学派。屏山是宋人，自然要带点佛学气味，不过他很爽快，所著的《鸣道集》，直接承认是由佛学出来，对洛派二程异常反对，指为阳儒阴佛，表里不一。他所讲的内容，好像李翱的《复性书》，发挥得更透彻明白。

朱子到晚年，一方面学派日昌，弟子遍于天下；一方面抵触当道，颇干朝廷厉禁。其中如宋宁宗的宰相韩侂胄执政时，在朝的朱子，及在野的同党，俱持反对态度。侂胄亦指朱子为伪学，排斥不遗余力。北宋的元祐党人、南宋的庆元党人，俱以正士为朝廷所不容。朱子死后，弟子不敢会葬，可见当时朱学所受压迫的程度了。又经几十年，到理宗中叶及度宗初叶，伪学之禁既开，而当时讲学大师，朱陆两家门下（陆派亦在伪学禁中），俱在社会上很有声誉，朝野两方，对宋学异常尊崇，其势复振。不久，宋室灭亡，蒙古代兴。

元朝以外族入主中原，文化不高，时间又短，在学术史上，占不了重要位置。内中只有戏曲的文学差可撑持，天文数学亦放异彩，至于哲学方面则衰微已极。元朝学者，唯许衡（鲁斋）、刘因（静修）、吴澄（草庐）三人，稍露头角。这几位在元朝为大师，在全部学术史上，比前比后，俱算不了什么。固然朱学在元朝很发达，但朱学在宋末已为社会上所公认，元人不过保守权威，敷衍门面，无功可述，现在只好略去不讲。

明太祖初年，规模全属草创，对于文化，未能十分提倡。到永乐时，始渐注意，《性理大全》即于是时修成，以五子（周、程、张、朱）学术为主。此书编得很坏，纯属官书，专供科举取士之用，使学者考八股时，辨黑白而定一尊，除五子外，旁的俱所排斥。明人编修《性理大全》，用以取士，号尊宋学，尤其是程朱一派，实则把宋学精神，完全丧失。宋学注重修养，何尝计及功名呢！

中间有几个著名大师，为明学启蒙期的代表，如方孝孺（正学）、吴与弼（康斋）、薛瑄（敬轩）、曹端（月川）、胡居仁（敬斋），俱在科举盛行时代，一心研究学问，不图猎取功名。这种精神，极可佩服，而方孝孺风烈尤著，仗义不屈，为成祖诛其十族。他们几个人的学问，都出于程朱。薛胡诸人，比较平正通达。吴康斋的学问，由朱到陆，明代陆学之盛，自康斋起。

明代中叶，新学派起，气象异常光大。有两个大师，可以代表，一个是陈献章（白沙），一个是王守仁（阳明）。陈白沙是广东新会的学者，离吾家不过十余里。他是吴康斋的弟子，他的学问，在宋代几位大师中，有点像大程子，又有点像邵康节。那种萧然自得的景象，与其谓之为学者，毋宁谓之为文学家。古代的陶渊明，与之类似，文章相仿佛，学问亦相仿佛。再远一点，道家与之类似——老庄之道，非陈种之道，他的学风很像庄子。孔门弟子中，曾点与之类似。"暮春者，春服既成，冠者五六人，童子六七人，浴乎沂，风乎舞雩，咏而归。"这种恬淡精神，两人一样。

白沙叫人用功的方法，就在"静中养出端倪"一句话。端倪二字太玄妙，我们知道他的下手功夫在用静就得了。白沙方法，与程朱不同，与象山亦不同。程朱努力收敛身心，象山努力发扬志气，俱要努力；白沙心境与自然契合，一点不费劲。端倪二字实在不易解，或者可以说是老庄的明自然，常常脱离尘俗，与大自然一致。其自处永远是一种鸢飞鱼跃、光风霁月的景象，人格是高尚极了，感化力伟大极了，可惜不易效法，不易捉摸。所以一时虽很光明，后来终不如阳明学派的发达。

白沙在家时多，出外时少。总计生平，只到过北京两次，旁的地方，都未曾去，交游总算简单。他有一个弟子，湛若水号甘泉，亦是广东人，与他齐名。当时称陈湛之学，或称湛王之学。甘泉做的官很大（礼部尚书），去的地方亦很多，所到之处，就修白沙书院，陈学的光大，算是靠他。甘泉比阳明稍长，甘泉三十余岁，阳明二十余岁，同在北京做小京官，一块研究学问。阳明很受甘泉的影响，亦可以说很受白沙的影响。

王阳明，浙江余姚人，他在近代学术界中，极其伟大；军事上政治上，亦有很大的勋业。以他的事功而论，若换给别个人，只这一点，已经可以在历史占很重要地位了；阳明这么大的事功，完全为他的学术所掩，变成附属品，其伟大可想而知。阳明的学问，得力于龙场一悟。刘瑾当国，阳明弹劾他，位卑言高，谪贬龙场驿丞。在释三年，备受艰难困苦，回想到从前所读的书，所做的事，切实体验一番，于是恍然大悟。这种悟法，是否与禅宗参禅有点相类，我们也不必强为辩护，但是他的方法，确能应时代的需要。其时《性理大全》一派，变为迂腐凋敝，把人心弄得暮气沉沉的，大多数士大夫尽管读宋代五子的著作，然不过以为猎取声名利禄的工具，其实心口是不一致的。阳明起来，大刀阔斧地矫正他们，所以能起衰救敝，风靡全国。

阳明的主要学说，即"致良知"与"知行合一"二事。前者为对于《大学》格物致知的问题。朱子讲格物，教人"即凡天下之物，莫不因其已知之理而益穷之，以求至乎其极"这种办法。朱子认为：《大学》所谓"明明德"的张本，从"大学之道"起至"未之有也"止，是经，以下是传。"诚意、正心、修身、齐家、治国、平天下"都有传，唯有"格物致知"无传，文有颠倒断节。朱子替他补上，其学说的要点，即由此出。阳明以为：读古人书，有些地方加添，有些地方补正，这种方法，固有价值，但是《大学》这篇，绝对不应如此解释。所以他发表古本，不从朱子改订本。主张格物致知，即是诚意，因为原文说："欲诚其意者，先致其知。"下面又说："故君子必慎其独也。"慎独，即是致知，致知的解释，不是客观的知识，乃孟子所谓"人之所不学而知者其良知也"的良知。致的意思，是扩充它，诚意功夫如此。拿现在的话解释，就是服从良心的第一命令，很有点像康德的学说，事到临头，良知自能判断。如像杀人，头一念叫你不要做，又像职分上的牺牲，头一念叫你尽管做去，这就是良知；第二念、第三念，便又坏了。或者打算做好事，头一念叫你做去，第二念觉得辛苦，第三念又怕危险，于是歇手不做。这种就是致良知没有透彻。为人做学问，入手第一关键在此。

阳明既然主张致良知，更不能不主张知行合一。如恶恶臭，如好好色；见恶臭是知，恶恶臭是行；见好色是知，好好色是行。知行二个字，原是一件东西，事到临头，良知自有主宰，善使知善，恶使知恶，丝毫瞒它不得。世未有知而不行的，知而不行，不是真知。如小孩看见火，伸手去摸，成人决不会摸，因为成人知道烫人，小孩不知道烫人。又如桌上放好臭鸭蛋、臭豆腐，不恶恶臭的人吃，恶恶臭的人就不吃。只需你一知道，要吃或不吃，立刻可以决定，这便是知行合一。朱子以为先要致知，然后实行，把做学问的功夫，分成两橛。阳明主张，方说一个知，已自有行在，方说一个行，已自有知在，只是一件，决不可分。阳明教人下手方法，与朱子教人下手方法不同。

阳明寿虽不长，但是一面做事，一面讲学，虽当军事倥偬①，弦诵仍不绝声，所以门生弟子遍于天下。明中叶后，全国学术界，让阳明一人支配了。王学的昌大，可分两处。一是浙江，是他生长的地方；一是江西，是他宦

---

① 倥偬：事务纷繁迫促。读音为 kǒng zǒng。

游的地方。所以阳明门下,可分为浙江及江西两派。前次讲象山生在江西而其学盛于浙江,阳明生在浙江而其学却盛于江西,赣浙文化有密切的关系。传阳明的正统,为江西几位大师,如邹守益号东廓,罗洪先号念庵,欧阳德号南野,颇能代表江西王学。阳明死后,就是这几个人,最得阳明真谛。但是王学的扩充光大,仍靠家乡浙派几位大师,有早年的,有晚年的。最初是徐爱号曰仁,钱德洪号绪山,他们二人,得阳明正宗。徐早死,《传习录》有一部分是他作的。钱寿较长,其传颇盛。稍后是王畿号龙溪,他是阳明的老门生,年寿最长,阳明的学派的光大自他起,阳明学派的变态,亦自他起。当初阳明教人,有四句话:无善无恶心之体,有善有恶意之动,知善知恶是良知,为善去恶是格物。钱绪山以为这四句是阳明教人定本,王龙溪以为这四句是阳明教人权法,归根结底,性无善无恶,意无善无恶,知无善无恶,物无善无恶。阳明的话,没有多大玄学气味;龙溪的话,玄味很深,无下手处。所以王学末流,与禅宗末流混在一起,读他们的书,可以看出来,并不是阳明真面目。

阳明学派,另有几个重要人物,一个是罗汝芳号近溪，一个是王艮号心斋，都于王学有莫大的功劳。世或以王艮与王畿并称二王，或以近溪与龙溪并称二溪。心斋是一个倜傥不羁之士，本传称阳明做巡抚时，会徒讲学，心斋那时三十八岁，跑去见他，分庭抗礼辩难几点钟后，始大折服，执弟子礼。回去想想，似乎尚有不妥处，跑去收回门生帖子，彼此又辩，又折服了，才做阳明的门人。阳明说："吾曩①擒宸濠，一无所动，乃为斯人所动，是真学圣人者。"心斋言动奇矫，时戴古冠，穿异服，传达先生之道，阳明很骂他几回，但是他始终不改。心斋才气极高，门下尤多奇怪特出之士。何心隐就是一个，本姓梁，改姓何，以一个布衣用种种的方法，把严嵩弄倒了，我们不能不佩服他有真本事。阳明死后，最接近的是二王或二溪，但是他们所走的路，与阳明很不一样。结果江西学派虽得正统，但是一传再传，渐渐衰微下去了。

最有力推行王学的，还是浙派（龙溪）和泰州派（心斋）。在晚明时候，有这样几个人，周汝登号海门，陶望

---

① 曩：从前。读音为 nǎng。

龄号石篑,李贽号卓吾。周陶变为禅宗,李更狂肆,他们主张的"酒色财气,不碍菩提路",阳明学派愈变愈狂妄。到晚明时,本身起很大的变化,又可分为二派。第一派,参酌程朱学说,纠正末流的偏激,东林二大师,顾宪成(泾阳)、高攀龙(景逸)就是代表。他们觉得周、李、陶一派,太放肆了,须以朱学补充之。他们的学问,仍从王出,带点调和色彩。第二派,根据王学的本身,恢复阳明的真相,刘宗周(蕺山)就是代表。他排斥二王二溪甚力,专提慎独,代替良知,以为做慎独的功夫,可以去不善而继于至善。顾、高以程朱修正王学,蕺山以王学本身恢复王学,主张虽有出入,都不失为阳明的忠臣。

此外因王学末流的离奇,社会上起一种很大的反动,亦可分为二派。第一派,以程朱攻击阳明,与顾、高等不同,陈建(清澜)就是代表。他著一部《学蔀①通辩》,一味漫骂,甚觉无聊,自称程朱,实于程朱没有什么研究。有时捏造事实,攻击人身,看去令人讨厌,然在学

---

① 蔀:读音为 bù。

术史上不能不讲。因为明目张胆攻击王学，总算他有魄力。清初假程朱一派侈言道学，随声附和，用陈建的口吻攻击王学者颇多。第二派，主张读书，带点考证气味，焦竑、王世贞、杨慎，就是代表。他们不唯攻击王学，连宋学根本推翻，周程张朱，皆所反对，攻击程朱的话，恐怕比阳明还多。几个人学问都很渊博，唯杨升庵较不忠实，造假书，造假话骗人。这一派，因为对于宋元明以来的道学，下总攻击，在晚明时，虽看不出有多大力量，但有清初至乾隆中叶，极其盛行，旧学风的推翻，新学风的建设，都由他们导引出来。

清代学术，是宋元明以后，一大转关，性质和前几代，俱不相同。汉唐学者，偏于声音训诂的追求，马、郑、服、杜、陆、孔、贾以后没有多大发展的余地；宋儒嫌他们太琐碎了，另往新方面进行。宋明学者，偏于理气心性的讨论，程、朱、陆、王以后，也没有多大发展的余地；清儒嫌他们太空虚了，另往新方面开拓。清代学者，承性理学烂熟的反动，以"汉学"相标榜，至乾嘉中叶，而汉学号称全盛。清代学风，固然偏在考证，对于儒家哲学，亦有很大影响，可分建设及破坏两面观察。前者对于整理国故，用力最勤，与儒学只有间接关系；后者对于推翻宋学，成效颇大，与儒学有直接关系。

甲 破坏方面

先从破坏方面观察。清代学者，对于宋元明以来，七百年间所成就的学派，认为已到过度成熟、发生流弊的时期，非用革命手段摧陷廓清，不能有新的建设。这种破坏的工作，不自清始，晚明已然。焦竑、王世贞、杨慎，都是反动派的健将，不过革命的气焰，至清代而极盛罢了。分开来讲，又分两种。一种是破坏王学，阳明这派，时代最晚，发达最盛，有些人专门与他为难。一种是破坏宋学，不单反对阳明，连周、程、张、朱，一律在所排斥。这两种中，破坏的工作及程度，亦有种种的不同，大概可以举出五派人作为代表。

1. 用程朱做后盾，破坏陆王，可以陆陇其（稼书）作为代表。他同上次所讲作《学蔀通辩》的陈建，一样的主张，认程朱为正统，陆王为异端，所以破坏王学，完全为拥护朱学。这一派范围最狭窄，理由最浅薄，然在社会上最有力量。不是因为系统学者多，乃是倚仗八股文人多，拿朱注作考试的工具，自然拥护朱学。有学问的人，尽管瞧不起他们，但是一般流俗，非常羡慕他们，不知不觉的，势力便大起来了。

2. 有一种博杂而无系统的学问，利用好奇心，打倒前人，猎取名誉，可以毛奇龄（西河）作为代表。这派的话，尖酸刻薄，挑剔附会，舞文弄墨的地方很多，其所攻击，不单是王学，乃在宋学全部。（西河比较的尚拥护王学，但也不是王学真相）西河学问渊博，方面多，寿命长，后来许多人跟他学，在学术界很占势力，大致都带一点轻薄口吻，学问博杂，颇为后来考证学派，辟出一种新路径。考证家不直接出自西河，但是他们所受西河的影响，很是不小。

上面两种破坏法，都不算十分正当：前者范围过于狭隘，门户之见太重；后者手段不对，专门骂人，自己亦无所得。不过他们这两派，在社会上势力确是不小，一般俗儒随声附和，非常崇拜他们。

3. 没有成见，并不是以程朱做后盾，比较对于朱学稍为接近，对于王学末流加以攻击，可以顾炎武（亭林）、朱之瑜（舜水）二人作为代表。朱舜水当明亡以后，不愿受清代的辖治，亡走日本，在中国影响不大，而在日本影响极大。明治维新以前，德川氏二百年，真以儒学致太平，这完全受舜水之赐，所以他在本国无地位，而在全局中地位极高，可与顾亭林并列。顾氏为清代学术的开创者，其学问的大部分，俱在建设方面，下节再讲。至于破坏方面，见地极其高明，他不唯不满意王学末流，且不满意阳明本身，赞成阳明人格，反对他的学风。陆稼书一派，所讲朱学，其实是"八股家言"，算不得什么学问。顾、朱不是墨守朱学，另外自有心得，比较起来，对王破坏，对朱敬礼。不能说是以朱攻王，然于破坏王学，很有力量。

4. 对于宋学全部，不管程、朱、陆、王，根本认为不对，施行猛烈的总攻击，可以费密（燕峰）、颜元（习斋）二人做代表。这两人，在从前，大家都不十分注意，一向讲清代学术的人，都没有提到他们。颜氏近二三十年来，渐渐复活，费氏著作从前没有刻出，人不知道，近几年作品出版，了解的人比较多了。费燕峰，四川人，晚年侨寓扬州，从前人只知他会作诗，《池北偶谈》称他，极为王渔洋所推服。他的哲学思想，具载他的遗著中，新近才刻出来，但是在建设方面没有什么贡献。颜习斋，直隶杨村人，以前没有铁路，很少人知道这个地方，他终身亦不同士大夫接触过。但是他比费燕峰强，费氏几个儿子，虽亦能作诗，活动力很小，颜氏的门生李塨（刚主）活动力异常之大，到处宣传他老师的学说，所以早几十年复活了。

费颜二人，对于宋元明七百年来的学说，根本上不承认，下总攻击，斥为与孔孟门庭不同。攻击之点有三。头一件，是不赞成宋儒主静。他们以为做学问要动，主静不是做学问的方法，根本与儒家道术相反。第二件，不赞成宋儒以道统自居。程朱本人，还没有说什么，他们的门下，常说得不传之学。《原道》所谓尧传舜，舜传禹，禹传汤，汤传文武周公，文武周公传孔子，孔子传孟轲，轲之死，未得其传。何以隔一千多年，传到河南程夫子，这岂不是造谣。第三件，偏于内圣，不讲外王，把政治社会都抛弃了。程、朱、阳明，虽非抛去外王不问，但是偏重内圣一些，末流愈走极端，知其一不知其二，颇足授人口实。这种话搔得着痒处，对于宋学末流攻击得很对。不过在社会上没有多大势力，远不如前述三派的受人注意，直到近二三十年，才渐渐发扬光大起来。前三派，带这一派，都在道术本身上着眼，或专破王学，或兼破宋明，辩争之点，不离道术，可谓主流，为造成破坏势力的中坚。

5. 还有一派，不在道术本身下手，而在著作及解经方面挑剔，可以惠栋（定宇）作为代表。惠氏年代较迟，而力量很大。他攻击不到陆王，陆王对于各经，都不曾作注，他攻击的主要对象，就是程朱。前回讲，朱学启蒙时代，专门做注疏的功夫，到全盛时代，所有各经，都从新另注一回。他们注经的方法，与汉唐学者迥异，汉唐注重训诂，他们注重义理。自南宋末年起，至明洪武的《性理大全》出版止，几百年间，解经俱以朱注为主，汉唐注疏，完全束之高阁了。惠栋一派出，朱注渐衰，而汉唐注疏复活。

清初学者，一面反对宋儒道术本身，一面反对宋儒解经方法。结果，宋人的总不对，汉人的总对，愈古愈好，愈近愈不行。乾嘉的考证学，以这派为先导，毛西河如此主张，陈启源亦如此主张，但是认真打旗号，拥戴汉学，推翻宋学，还是要算惠定宇。上面所述五种学派，联合起来，努力破坏，所以清代学术，对于宋元明学术，起很大的变化。最近三百年，在学术史上划一新纪元，秦汉学术复兴，宋明学术几乎全部消沉下去了。

乙　建设方面

次从建设方面观察。清代学者的建设事业，大部分在考证方面，以现在的话来解释，就叫着整理国故。这种工作，于儒家道术，只有间接关系，直接关系很少，可以略去不讲，我们且要知道这种工作很勤劳、威信也很伟大就是了。考证以外，对于儒家道术，有直接关系的建设事业，可以分好几派，一方面根据王学朱学，加以修正或发明，他方面更能一空依傍，自树一帜。他们所处的时间，先先后后不同，他们所在的地方，南北东西各异。现在我们举出六个人，简单地说明一下。

1. 继承王学，加以修正，当推孙奇逢（夏峰）。王学末流，变得很多，处处受社会上的非难。要想维持王学，不能不加以修正，孙夏峰、李二曲都是如此主张，而夏峰推衍流派较盛。夏峰生于晚明，人格高尚，豪侠好义，最能济朋友之难，寿命又很长，直活到九十三岁才死。清师入关，他的家乡，让满人圈去了，跑到河南苏门躬耕讲学，门弟子从之游者极多，所以他这一派，在清初算是很盛。他是王派，但并不墨守王学，对程朱都不攻击，有人把他编入调和派。清初学者，以朱攻王者有之，以王攻朱者觉少，顶多为阳明做辩护而已，夏峰即是如此。他在河南，躬行力践，用功坚苦，其学问虽得力于阳明，然对于王学末流禅宗顿悟的学风，深所不取。后来汤斌（潜庵）的学问，就得力于夏峰。他们二人的工作，专在恢复王学本来面目，对于二溪以后的王学，予以相当的排斥，以恢复阳明真相，使得有保存的价值，可谓王学的修正派。

2. 发明王学，使之愈益光大，当推黄宗羲（梨洲）。明末王学后殿，就是刘蕺山。他生于浙东，浙东王学很盛，但是变相，非本来面目，他因为末流太猖狂了，设法校正他们。清初浙中王学，分为二派。二溪一派，以姚江书院为中心。蕺山一派，以证人书院为中心。《明儒学案》称明代大师二人，前有阳明，后有蕺山。梨洲是蕺山的门生，学问上，继续修正王学；修养上，亦全本蕺山遗绪。但他另向一方面发展，即史学及经世之学。

阳明本有六经皆史之说，而且本身事功极盛，梨洲循着这一点发挥光大，颇能改正王学末流空疏置悟之弊。梨洲一方面承蕺山遗绪，发明王学，于清代学风上，其开辟的功劳，与顾亭林等；一方面建设新学派，努力史学，后来万季野、邵念鲁、全谢山、章实斋这一般人，都完全受他的影响。关于史学方面，这是后话，且不用讲。专讲他在儒家道术方面，真不愧王学大师，二百多年来，感化力的宏大，规模的深远，还没有超过他的啊！

承继孙夏峰学说的，是汤潜庵；承继黄梨洲学说的，是李穆堂。两位都是乾隆时人，为陆王学派的结束者。汤做巡抚，李做侍郎，皆光明俊伟，规模宏大。汤纯为实行家，纸面上的学问不多；李为著作家，有全集行于世。他们都是结束陆王学派的人，做的事业，算是结束。同时不能不算是一种建设，令陆王学派，经时代变迁，仍能立脚得住，有价值，有光彩，这是他们的功劳。

在王学方面，有这几个人，支持残垒，遗绪尚可不坠。在朱学方面，人才就很难得。大抵有清一代，学者态度，阳奉阴违，表面是宋学，骨子里是汉学，对于朱子，直接攻击者少，敷衍面子者多。其间拥护程朱的，多半是阔佬，一面骂陆王派为狂禅，一面骂汉学家为破碎，反抗程朱，便是大逆不道。"宁说周孔错，不说程朱非。"这类人，多从八股出身，在学者社会中，没有多大势力；在普通社会，很能耸动视听。可以略去不讲。勉强要在程朱派，找出一个人来，只好还数陆稼书，清代最初从祀孔庙的是他。他于程朱学术的全体无多大发明，只能说他持身甚严，卫道甚力而已。清代程朱派人数虽多，人才很少，与其求之于陆稼书一派，不如求之于汉学家。汉学家训诂之学，实际上是从厚斋东发一派衍生出来。章实斋说过戴东原尽管骂朱子，实际上走的是朱子那条路。这个话，两方都不承认，但是事实，给我们一种很好的证明。

3. 尊敬程朱，而能建设新学说，当推顾炎武（亭林）。顾氏大家公认为清学开山祖师，然绝不像宋学派之以道统自任。他对程朱，表示相当敬意，在山西时，曾修朱子祠堂，可谓之准朱学派。然而亭林对于朱学的修正，比梨洲对于王学的修正还多。黄氏根本上以王学为主；顾氏对朱学，不过敬礼而已。亭林方面很多，经世之学，有《天下郡国利病书》；考证之学，有《日知录》。好几个清代的学派,都由他开发出来。他治学自立门庭,反对讲空话,不轻言义理性命,专从实际的方面下手。他对于儒家道术,不单讲内圣,兼讲外王。宋明学者,都只一偏,并非儒家真相,他想恢复儒家本来面目,专提《论语》所谓"行己有耻,博学于文"两句话,用来涵盖一切。修养的方法很多,最扼要是行己有耻,即自律甚严之谓,对于晚明放佟颓废的学风,根本上施以校正。一个人要方正,要廉隅,不要像球那样滚,日夜自己检束,归根结底是"知耻"二字。不耻恶衣恶食,而耻匹夫之不被其泽;不耻地位不如人,而耻品格不清。他专在廉隅、名节、出处、进退、辞受、取予方面注意,以为要如此才可以完成人格。这种有耻之教,比蕺山慎独之教还要鞭辟近里些。治学的方法很多,最扼要是博学于文。文有几种解释,书本知识是文,自然现象是文,社会现象亦是文,要随时观察研究。所以说他的学问,不单是内圣方面,而且兼外王方面。至于要明白他对于耻及文的详细解释,可以在他的《日知录》及文集里边找去。他本人人格崇高,才气伟大,为明代忠贞不贰的遗老,很得力于他母亲(非亲生母)的教训。他的父亲早死，母亲未婚守节，十七岁到顾家，过继他做养子，慢慢地抚育成人。满洲入关，义不事二姓，绝食二十七日而死。这样的节妇，真是难能可贵了！顾母死时，嘱咐亭林，不得在清朝做官。他平时所受教育很深，临终又有这样大的刺激，所以他一身行为，完全受顾母的支配。亭林初非明室官吏，然念念不忘恢复，到处观察形势，预为地步。到事功绝望时，乃另创一种学风，直影响到现在，其成就不在恢复明室之下。他人格高尚，无论哪派，不能不佩服。他学问渊博，开出来的门庭很多，说到清学的建设，自然不能不数他了。

4. 非朱非王，独立自成一派，当推王夫之（船山）。船山是湖南人，他这一派，叫着湖湘学派。在北宋时为周濂溪，在南宋时为张南轩，中间很消沉，至船山而复盛。他独居讲学，并无师承，居在乡间，很少出来，生平只到过武昌一次、北京一次，可以说是个乡下人。清师入关，他抵死不肯剃头，所以怕人看见，藏在山洞里，穷到没有纸笔，然仍好学不厌。他的学风，与程朱比较接近，不过谓之程朱，毋宁谓之横渠。横渠作《正蒙》，船山的中心著作，为《正蒙注》。横渠于书本外，注重观察自然界现象，船山也受他的影响，其精神比较近于科学的。张学自南宋断后几百年，至清初又算继续起来了。船山坚苦卓绝，人格感化极强，学问尤为渊博。他的《读通鉴论》《宋论》，不愧为一史评家，对于历史上事实，另用新的眼光观察。所以他除自己身体力行外，学问方面，在史学界贡献甚大。这两部史论，专作翻案，为后来读史的人，思想开放许多。船山对于佛学，很有研究，而且学的是法相宗，作有《相宗络索》。近二十年法相宗复活，研究的人很多，并不算稀奇；但是在那时，佛教方面，完全为禅宗及净土宗所占领，没有人做学理的研究，他独在二百年前，祖述玄奘以后中断了的坠绪，可谓有独到的见解了。并且当时儒学末流，养成狂禅，分明是学佛教，抵死不肯承认与佛教有关；他独明目张胆，研究儒学，同时又研究佛教，一点不掩饰，这是何等的爽快！船山在清初湮没不彰，咸同以后，因为刊行遗书，其学渐广。近世的曾文正、胡文忠都受他的熏陶，最近的谭嗣同、黄兴，亦都受他的影响。清末民初之际，智识阶级没有不知道王船山的人，并且有许多青年，做很热烈的研究，亦可谓潜德幽光，久而愈昌了。

5. 尊崇程朱,传其学于海外,当推朱之瑜(舜水)。舜水在本国没有什么影响,史家多不能举其名,他后半生都在日本过活,日本最近二百年的学风,完全由他开出。明亡后,他屡屡欲作光复的事业,初到日本,后到安南、暹罗,在海外密谋起义,赤手空拳地经过多少艰难困苦,到底毫无成就。后来郑成功、张苍水大举北伐,攻下镇江,几乎克复南京,他在苍水军中,规划一切,曾经走到芜湖,结果,还是失败了。自是之后,光复事业完全绝望,他便打定主意,在清廷统治之下,绝对不回中国。那时日本人还抱闭关主义,外国人只能在长崎租界停顿些时,旁的地方,一律不让住。所以他很困难,住些时走了,走了又来,往返许多次。长崎的日本人,知道他学问渊博,人格高尚,异常敬礼。后来让大将军德川氏听见了,请到东京去,待以宾师之礼。他亦以师道自居,德川光国的儿子,亦做他的门生,他于是住在东京,又几十年才死。因为德川氏的敬礼,全国靡然从风,对于他的起居言动,都很恭敬。他在日本学术界,算是很有势力。日本从前受中国文化最深是唐代，派遣学生、学僧，来唐留学，唐时佛教甚盛，儒学衰微，学去的都是佛教。宋明儒学复兴，但其时中日关系浅薄，所以日本对于儒学，根本上不明了。舜水是程朱派的健将，自他去后，朱学大昌。朱子之学，在国内靠陆稼书一般人的提倡，不过成绩很有限；在国外靠朱舜水一个人的传播，真是效力大极了。自然舜水是程朱一派的人，但是本事很大，书本上的知识很好，实际上的事情，一点亦不放松。他在日本，学风上很有贡献，诗（各家的诗）同画（小李将军的山水）亦很有影响，他带去东西，至今还归日本帝国博物院保存。他又懂建筑，日本之有孔庙，即由他起，孔庙中的房屋栋宇、衣服器具，完全模仿中国，都由他打图样，起稿子。连他自己的棺材，亦属亲手造成，要能耐久不坏，清代之后，好运回中国。辛亥革命时，还在日本保存，我们可以设法交涉，运回国来。固然他们尊重朱夫子，不愿运走，但本人的志愿，死后非运回来不可，应以尊重本人志愿为是。日本博物院，还有朱舜水手造模型，确是当年遗物。由此可以知道，他不单讲身心性命，还讲各种技术。他又教日本人读《资治通鉴》，以为最有益人神智。他在日本，前后十几年，人格感化力大，方面又多，可以说自遣唐留学以后，与中国文化真正接触，就是这一回。德川氏二百多年，以文治国，就是继承他的遗绪；维新以前，一般元老，都很受影响。他是朱学，中国王学亦输入，到维新时，两派都有了。维新时一切改革，王派力量很多，朱派力量亦不少，把朱学由中国传到日本，就是靠他。

6. 反朱反王，而能独立自成一派，要算颜元（习斋）。习斋的学说，很有点像实验派的杜威。他完全是一个乡下佬，境遇非常可怜。他的父亲在崇祯十二年（1639），满洲人大掠直隶、山东，掳去为奴了，后来死在那里。习斋伶仃孤苦，父亡母嫁，成为一个无依无靠的孤儿，由旁人把他抚育长大。所以意志坚苦卓绝，虽然无师无友，而能独立自成一家。他反对宋学，主张根本推翻，以为孔孟都是动的，宋学独是静的，与孔孟相反。他尤其厌恶的是谈玄，儒家本不谈玄，宋以来，玄味日趋浓厚，大非古意。他想复古，复到孔门所学，只谈礼、乐、射、御、书、数，不谈身、心、性、命。知识由何而来？由于做。譬如我们想到南京，不知怎样走法，问路径，买地图，可以知道大概；但要知道实在情形，还得亲身走去。他说宋以后的学问，只是问路径买地图，不曾亲身走路；真的儒家道术，不应如此。习斋对于周程以下，原想根本推翻，另外建设新的学派。那时虽未成功，其思想行事，很带科学精神，若使生于今日，必定是一个纯粹的科学家。他立志做书本以外的学问，礼、乐、射、御、书、数，样样都去实行，自己打靶，自己赶车，乐要学古乐，礼要依《仪礼》。但是所做这些事还是离不开书本，很难说是成功，不过精神可取就是了。他的话，很有许多合于科学，前两年科玄战争，就有许多人引用其中一部分，到现在看来，还是对的。这些地方，很可以令人佩服。他因为太古板，没有开辟什么。他的门生李恕谷，活动力很大，文章好，学问又渊博，常到北京。那时北京士大夫喜欢讲学，有一次，请万季野主讲，大家去听，季野见恕谷，异常佩服，就介绍恕谷讲。以季野的声名学问，很能震动一时，达官贵人，拜倒门下者不少，但是对于这个无声无臭而且又年轻的李恕谷，居然客气谦逊起来，不能不说是异样的举动。由此北京人才知道有李塨，又才知道有颜元。恕谷及其活动,曾到陕西,又到江南,到处宣传他老师的学说,所以这派学问,在当时很有力量。戴东原的见解,与颜李相同之点颇多,虽不敢说直接发生关系,然间接总受影响。恕谷死后,汉学派盛行,对于他的学问,大不谓然;而假程朱一派,尤为恨入骨髓。在两种势力压迫之下,颜李这派自然日就消沉了。道光末,戴望子高,很提倡颜氏学说。近二三十年来,颇有复活的趋势,大家都承认颜氏为一个大师,很佩服他的不说空话,专讲实行的精神。但是他的学问究竟能复活与否,我尚怀疑,因为太刻苦了,很难做到。他最反对以孔门的话作为口头禅,我们但学他的话,不能实行他的主张,算不得真颜李派。往后青年,果能用极坚苦的精神去实行,自然可以复活。

清代初叶,在建设方面,可以这六派作为代表。虽然他们的学说各有短长,然俱能自树一帜,而且持之有故,言之成理,有的于当时影响很大,有的于后代影响很大。而且这几个大师,方面都很多,不像宋儒,单讲身心性命,所以开辟力格外来得强大。后来各种学说,都由他们启个端绪,由后人集其大成。清代学术所以能

丙　清中叶以后的四大潮流

上面所说破坏方面的五派，建设方面的六派，都是清代初叶同中叶的事情。中叶以后，到乾嘉之间，这许多学说，暂时各归沉寂，另有四大潮流出现，而考证学不在内。在前面已经说过了，考证学与儒家道术无大关系，可以不讲，有关系的，就是这四大潮流。

1. 皖南学派，以戴震（东原）为代表。东原本来受他乡先辈江永（慎修）的影响（有人说他是慎修学生，这个话靠不住，恐怕是私淑弟子①）。慎修的学问，有点像顾亭林，对于经学及音韵学很有研究，对于程朱的学问亦能实行。他的《近思录续考》，可谓朱门正传。朱派自王厚斋、黄东发以后，就是顾亭林；亭林以后，就是江慎修。东原自幼便受慎修的影响。清代考证学，东原集其大成，本人著作很多，段玉裁、王念孙皆出其门下。在当时惠戴齐名，但是定宇成就小，东原开辟多，在清代中，他算第

---

① 私淑弟子：指未当面受业的弟子。

一流的学者。与他同时的人，推重他的训诂考证。其实东原所得，尚不止此，他之所以伟大，还是在儒家道术方面，《孟子字义疏证》及《原善》《原性》，俱有独到的见解。他死后，门生洪榜为作行状，以他所作《与彭进士书》嵌入，亲友哗然。结果，戴家所发行状，把那一段删去，而洪榜文集中，则将原文留下。旁的为他作传作行状的人，都没有提到他的儒学，这是很不对的。《孟子字义疏证》将原书一字一字地解释，把儒家道术，大部分放在里边，可算得孟氏功臣。他一方面发挥性善之说，一方面反对宋儒分性为天理气质二种，认定宋儒矫正性欲，全属过分，与颜习斋、费燕峰相呼应。他对于费书，绝对没有看见，对于颜的学说，或者间接受李恕谷、程绵庄的影响。他这一派，对于宋儒谈玄一部分，如无极、太极之说，根本上攻击，对于宋儒谈性一部分，如存天理，去人欲之说，亦很反对。空空洞洞，专凭主观的理，不能有好结果，必定要根据客观的事实。东原自命为孟子功臣，我们看来，与其说他是孟子的功臣，毋宁说他是荀子的功臣。他的学说，与孟不同，与荀相近。他虽反对程朱，实际上，得力于程朱者很多，与程朱走的是一条路（看《文史通义·朱陆》篇）。帮助孟子，然而不像孟子；反对朱子，然而近似朱子。清代程朱学派，陆稼书不算正统，戴东原才是正统；最少他对于朱学修正补充，使有光彩、有价值，功劳还在稼书之上。因为他生的北方，在皖之南，可以称为皖南学派。《四库全书》大部分由他编定，他在清代中叶，算是一个中坚人物。门生多传他的考订、训诂、校勘之学，但他关于儒学道术的话，亦有很大的影响，凌廷堪（次仲）、焦循（里堂）、阮元（芸台），都是一方面研究考订，一方面研究儒术。焦循作《孟子正义》，对于儒学，有相当的发明。阮元为焦循内弟，同在一块研究学问，著述中关系儒学的话尤多。到阮元时，清代汉学，已达全盛，自然有流弊发生，所以他自己就提倡汉宋并重，以图挽救。阮做官很大，到的地方亦很多，学问不如东原，而推广力过之。即如广东，他经手创学海堂，只取四十个学生，大多积学之士，在学问上贡献极大；广东近百年的学风，由他一手开出。广东近代几位大师，都主张调和汉宋，可以陈兰甫、朱九江作为代表。兰甫比九江声名更大，考证学亦很好，他作《东塾读书记》，《孟子》一卷，《诸子》

一卷,《程朱》一卷,联合贯通发明处颇多。又作《汉儒通义》,以为宋儒并不是不讲考据,汉儒并不是不讲义理。这种学风,也可以说是清末"粤学"的特色。即以我自己而论,对于各家都很尊重,朱程的儒学固然喜欢,考据学亦有兴趣,就是受陈朱两先生的教训。更由陈朱推到阮,由阮推到戴,可见戴派影响之大。

2. 浙东学派,以章学诚(实斋)为代表。自宋以来,浙东学术很发达,吕东莱而后是陈同甫、叶水心,再后是甬上四先生杨、袁、舒、沈,又后是王阳明、刘蕺山,都是浙东人,浙东在学术界,占很高的地位。陈、叶的文献经世之学,与阳明的身心性命之学,混合起来,头一个承受的人,便是黄梨洲。前面讲他对于阳明学派的建设,只算一部分;还有一部分——最重大的部分,是文献之学,即史学。梨洲是清初大师,他的门生,为万充宗及万季野。季野更较渊博伟大,《明史稿》由其一手作成。二万是直接的门生,还有一个私淑弟子,即邵廷采(念鲁)。念鲁的祖父,为阳明门生,属姚江书院派,与证人书院派相对抗,到念鲁又受业梨洲之门,对于史学,异常注重。浙东最有名的学者,都是史学大师,万、邵为史学界开山鼻祖。稍晚一点，为全祖望（谢山），学问方面很多，但是主要工作，仍在文献方面。由黄梨洲而万季野、邵念鲁，由万邵而全谢山，渐渐成为一种特有的学风，致用方面，远绍宋代吕东莱一派文献之学，修养方面，仍主阳明。到乾隆末，出一位大师，曰章实斋，集浙东学派之大成。实斋全部工作，皆在史学；然单以史学，看不出整个的章实斋，好像单以经学，看不出整个的戴东原一样。二人于本行之外，在儒家道术上，亦有相当地位。二人交情不好，彼此相轻，学风则有一点相同，俱不主张空谈性命，对于带玄学的心性论，异常反对，要往实际方面下死功夫。实斋讲道外无器，器外无道，此二语出自《易经》。《易经》说："形而上者谓之道，形而下者谓之器。"东原主张相同，亦有近似这类的话。实斋讲六经皆史，要求儒家道术，顶好在历史上求去，道起三人居室，在古代为书本学问，在近代为社会事物。所以他自己用力的工作，全在史学上。实斋这一派虽为第二大潮流，然在当时不很显著；他看不起东原，东原门下又看不起他，而东原声气广远，他的势力抵抗不过，自然在当时难于风行。他的价值，最近二三十年，才被人认出来。

3. 桐城学派，以方东树（植之）为代表。我讲桐城人物，不举方苞，不举姚鼐，因为他们仅能做点文章，没有真实学问，所谓桐城文学，不过纸上谈兵而已。自明末以来，桐城很出人才，最初是方以智，明清之间的第二流学者。其次是方苞（望溪）、戴名世（南山），康雍之间，颇负盛名。南山以文章出名，所谓因文见道，自他起，后遭文字狱死，大家引以为戒。望溪属于程朱派，其地位远在稼书之下，稼书尚不过尔尔，他的学问更不必说。桐城学派，以前实无可讲。嘉庆末年，出了一个伟大人物，即方植之。他生当惠戴学派最盛行的时候，而能自出主张，不随流俗所尚，可谓特出之士了。汉学全盛之后，渐渐支离破碎，轻薄地攻击程朱，自己毫无卓见。方承这种流弊，起一极大反动，作《汉学商兑》《书林扬觯①》，对汉学为猛烈的攻击，主张恢复程朱。他对于程朱，究竟有多少心得，我不敢说，但在汉学全盛时代，做反抗运动，流弊深了，与他们一副清凉散吃，

---

① 觯：读音为 zhì。

在思想界应有重要的地位。他很穷，跟随阮元，充当幕府。阮开学海堂，其中学长，初用外省人，本堂有成就后，才用本省人，他便做了第一任的学长。广东学风，采调和态度，不攻宋学，是受他的影响；此犹其小焉者。还有更大的影响，就是曾文正一派。曾文正很尊敬他，为他刻文集，曾一面提倡桐城文学，一面研究朱学，有《圣哲画像赞》，自伏羲、文王、周公、孔子起，一直传到姚姬传止，姚为方的先生，因为尊敬方，才尊敬姚。曾派及其朋友门下，靠儒学作根底，居然能做出如许的功业，人格亦极其伟大，在学术界很增光彩。而他们与桐城派关系极深，渊源有自，所以我们不能不认桐城为很大的学派。

4. 常州派，可以庄存与（方耕）、刘逢禄（申受）为代表。常州在有清一代，无论哪一门学问，都有与人不同的地方。古文有阳湖派，词有阳湖派，诗亦有阳湖派，尤其在学问上，另外成为一潮流，有极大的光彩。这一派在经学方面，主张今文学。今古文的争执，东汉以后，已渐消灭。直到清代中叶，又将旧案重提，提案的人，就是庄刘。他们反对东汉以后的古文，恢复西汉以前的今文,研究《公羊传》,专求微言大义。以为东汉以后,解经的人,都在训诂名物上作功夫,忘却了主要的部分。这派的主张,牵连到孔子的政治论,都说孔子作《春秋》的来意,就是内圣外王。自他们专提今文以后,今文在学术界,很有极大的势力。继他们而起的,有两种人,籍贯虽然不是常州,然不能不说是常州一派。一个是魏源(默深),著有《海国图志》《皇朝经世文编》,颇努力于经世致用之学。一个是龚自珍(定盦),著有《定盦文集》,关于政治上的论调极多。反抗专制政体的话,创自黄梨洲、王夫之,至龚、魏更为明显。他们一面讲今文,一面讲经世,对于新学家,刺激力极大。我们年轻时,读他二人的著作,往往发烧。南海康先生的学风,纯是从这一派衍出。我们一方面赞成今文家的政治论,一方面反对旧有的传统思想,就是受常州派的影响。我年轻时,认为他们的主张,便是孔子的真相。近来才觉得那种话,不过一种手段,乃是令思想变化的桥梁。上述四派,为乾、嘉、道、咸之间,学术上四个大潮流。主张都很精彩,能集前人所已成,能开前人所未发,所有重要的学者和主张,都让他们包括尽净了。还有一派,附带要讲的，就是佛学。自宋学兴起以后，儒者对于佛学，骨子里受用，口内不敢说。前清中叶以后，有一派人，不客气地讲佛，由阳明转一转手，最主要的是罗有高（台山）、彭绍升（尺木）、汪缙（大绅）。他们对于净土宗很实行，对于禅宗很排斥。虽然留着辫子，实际上是几个未受戒的和尚，文章很好，儒学亦好；他们的地位，很像唐代的李翱和梁肃。自从他们把真面目揭开以后，大家才觉得讲佛不是一件对不起人的事情，用不着藏藏躲躲。魏默深、龚定盦都很讲佛，不过没有实行；罗、彭、汪等，有纯洁的信仰，言行又能一致，所以在社会上，很能站得住脚。龚、魏等虽是佛徒，但没有他们的纯粹，不能编入此派。清末常佛两派，结合得很坚固。我的朋友中，如戊戌死难的谭嗣同，即由常州派及佛派的结合，再加上一点王船山的思想，以自成其学问。清代主要的学派及潮流，大致如此。

第六章　儒家哲学的重要问题

从前讲研究法有三种：时代的研究法、宗派的研究法、问题的研究法。本讲义以时代为主，一时代中讲可以代表全部学术的人物同潮流。但是问题散在各处，一个一个的讲去，几千年重要学说的变迁，重要问题的讨论，先后的时代完全隔开了，很不容易看清楚。添这一章，说明儒家道术究竟有多少问题，各家对于某问题抱定何种主张，某个问题讨论到什么程度，还有讨论的余地没有，先得一个简明的概念，往后要容易懂些。以后各家，对于某问题讨论得详细的，特别提出来讲；讨论得略的，可以省掉了去。

真讲儒家道术，实在没有多少问题。因为儒家精神不重知识——问题多属于知识方面的。儒家精神重在力行，最忌讳说空话。提出几个问题，彼此互相辩论，这是后来的事；孔子时代原始的儒家根本没有这种东西。

第六章 儒家哲学的重要问题

近人批评西洋哲学说:"哲学这门学问不过播弄名词而已。"语虽过火,但事实确是如此。哲学书籍虽多,要之仅是解释名词的不同。标出几个名词来,甲看见这部分,乙看见那部分;甲如此解释,乙如彼解释,所以搅作一团无法分辨。专就这一点看,问题固不必多,多之徒乱人意。许多过去大师都不愿讨论问题,即如陆象山、顾亭林,乃至颜习斋,大概少谈此类事,以为彼此争辩,究竟有什么用处呢?颜习斋有个很好的譬喻:譬如事父母曰孝,应该研究如何去冬温、夏清、昏定、晨省,才算是孝。乃历代谈孝的人,都不如此研究,以为细谨小节,反而追问男女如何媾精,母亲如何怀胎,离去孝道不知几万里。像这类问题,不但无益,而且妨害实行的功夫。

理论上虽以不谈问题为佳,实际上,大凡建立一门学说,总有根本所在。为什么会发生这种学说?如何才有存在的价值?当然有多少原理藏在里边。所以不讨论学说则已,讨论学说,便有问题。无论何国,无论何派,都是一样。中国儒家哲学,所讨论的问题虽然很少,但比外国的古代或近代,乃至本国的道家或墨家,都不相同。即如希腊哲学由于爱智,由于好奇心,如何解释宇宙,如何说明万象,完全是一种高尚娱乐,为满足自己的欲望。至于实际上有益无益,在所不管。西洋哲学,大抵同实际发生关系很少。古代如此,近代亦复如此。中国的道家和墨家,认为现实的事物都很粗俗,没有研究的价值;要离开社会,找一个超现实的地方,以为安身立命之所。虽比专求知识较切近些,但离日常生活还是去得很远。唯有儒家,或为自己修养的应用,或为改良社会的应用,对于处世接物的方法,要在学理上求出一个根据来。研究问题,已陷于空,不过比各国及各家终归要切实点。儒家问题与其他哲学问题不同就在于此。儒家的问题别家也许不注重,别家的问题儒家或不注重,或研究而未精。看明了这一点,才能认识他的价值。

现在把几个重要问题分别来讲。

一 性善恶的问题

"性"字在孔子以前,乃至孔子本身,都讲得很少。孔子以前的,在《书经》上除伪古文讲得很多可以不管外,真的只有两处。《西伯戡①黎》有"不虞天性,不迪率典"。《召诰》有"节性惟日其迈"。"不虞天性"的"虞"字,郑康成释为"审度"。说纣王不审度天性,即不节制天性之谓。我们看"节性惟日其迈",意思就很清楚。依郑氏的说法,虞字当作节字解,那么《书经》上所说的性,都不是一个好东西,应当节制它才不会生出乱子来。

《诗经·卷阿篇》"岂弟君子,俾尔弥尔性",语凡三见。朱《诗集传》根据郑《笺》说:"弥,终也;性,犹命也。"然则性即生命,可以勉强作为性善解。其实"性"字,造字的本意原来如此,性即"生"加"忄",表示生命的心理。照这样讲,《诗经》所说性字,绝对不含好坏的意思。《书经》所说"性"字,亦属中性,比较偏恶一点。

孔子以前对于性字的观念如此,至于孔子本身亦讲得很少。子贡尝说:"夫子之言性与天道,不可得而闻也。"《论语》算是可靠了,里边有很简的两句:"性

---

① 戡:平定。读音为 kān。

相近也，习相远也。"下面紧跟着是："惟上智与下愚不移。"分开来讲，各皆成理，可以说得通。补上去讲，就是说中人之性，可以往上往下，上智下愚生出来便固定的，亦可以说得通。贾谊《陈政事疏》引孔子语，"少成若天性，习惯成自然"。这两句话好像性相近习相远的注脚。贾谊用汉人语，翻译出来的，意味稍为不同一点。

假使《周易》的《系辞》《文言》是孔子作，里面讲性的地方倒很多。《乾象传》说："乾道变化，各尽性命。"《乾卦·文言传》说："乾元者，始而亨者也。利贞者，性情也。"《系辞上传》说："一阴一阳之谓道，继之者善也，成之者性也。"又说，"成性存存，道义之门。"《说卦传》说："和顺于道德而理于义，穷理尽性以至于命。"诸如此类很多，但是《系辞》里边互相冲突的地方亦不少。第三句与第四句冲突，第四句与第五句亦不一样，我们只能用作参考。假使拿他们当根据，反把性相近习相远的本义弄不清楚了。

子贡说："性与天道，不可得而闻。"可见得孔子乃至孔子以前，谈性的很少。以后为什么特别重要了呢？

因为性的问题，偏于教育方面。为什么要教育？为的是人性可以受教育；如何实施教育？以人性善恶作标准。无论教人或教自己，非先把人性问题解决，教育问题没有法子进行。一个人意志自由的有无，以及为善为恶的责任，是否自己担负，都与性有关系。性的问题解决，旁的就好办了。孔子教人以身作则，门弟子把他当作模范人格，一言一动都依他的榜样。但是孔子死后，没有人及得他的伟大教育的规范，不能不在性字方面下手。性的问题因此发生。我看发生的时候，一定去孔子之死不久。

王充《论衡》的《本性篇》说："……周人世硕以为人性有善有恶。举人之善性，养而致之，则善长；性恶，养而致之，则恶长。如此性各有阴阳善恶，在所养焉。故世子作《养性书》一篇。宓子贱、漆雕开、公孙尼子之徒，亦论情性，与世子相出入，皆言性有善恶。……"世子，王充以为周人，《汉书·艺文志》以为孔子再传弟子。主张性有善恶，有阴阳，要去养它，所以作《养性书》。可惜现在没有了。宓子贱、漆雕开、公孙尼子俱仲尼弟子，其著作具载于《汉书·艺文志》，王充曾看见过。

宓子贱、漆雕开以后，释性的著作有《中庸》。《中庸》这篇东西，究竟在孟子之前，还是在孟子之后，尚未十分决定。崔东壁认为出在孟子之后，而向来学者都认为子思所作。子思是孔子之孙，曾子弟子，属于七十子后学者。如《中庸》真为子思所作，应在宓、漆之后，孟子之前。而性善一说，《中庸》实开其端。《中庸》起首几句，便说："天命之谓性，率性之谓道，修道之谓教。"率性，另有旁的解法。若专从字面看，朱子释为：率，循也。率与节不同，节讲抑制，含有性恶的意味。率讲顺从，含有性善的意味。又说："惟天下至诚，为能尽其性；能尽其性，则能尽人之性；能尽人之性，则能尽物之性；能尽物之性，则可以赞天地之化育；可以赞天地之化育，则可以与天地参矣。"这段话，可以作"率性之谓道"的解释。"率性"，为孟子性善说的导端。"尽性"，成为孟子扩充说的根据。就是依照我们本来的性，放大之，充满之。《中庸》思想很有点同孟子相近。《荀子·非十二子》篇，把子思、孟子一块骂，说道："略法先王，而不知其统。犹然而材剧志大，闻见杂博。……

子思唱之，孟子和之，世俗之沟犹瞀儒①，嚾嚾然不知其所非也。"这个话，不为无因。孟子学说，造端于《中庸》地方总不会少。

一面看《中庸》的主张，颇有趋于性善说的倾向；一面看《系辞》《说卦》说"一阴一阳之谓道，继之者善也，成之者性也""穷理尽性，以至于命"，亦是近于性善说的话。如《系辞》为七十子后学者所作，至少当为子思一派。或者子思的学说，与孟子确有很大的影响。《系辞》《文言》非孔子所作，因为里面称"子曰"的地方很多，前回已经说过了。《彖辞》《象辞》，先儒以为孔子所作，更无异论。其中所谓"乾道变化，各正性命"，与《系辞》中所讲性，很有点不同，不过生之谓性的意思。此外《彖辞》《象辞》不知道还有论性的地方没有，应该聚起来，细细加以研究。

大概孔子死后，弟子及再传弟子，俱讨论性的问题。主张有善有恶，在于所养，拿来解释孔子的"性相近，习相远"两句话。自孔子以后，至孟子以前，儒家

---

① 瞀儒：愚昧无知的儒生。瞀，读音为 mào。

的见解都是如此。到孟子时代，性的问题，愈见重要。与孟子同时，比较稍早一点的有《告子》。《告子》上、下篇，记告孟辩论的话很多。告子生在孟前，孟子书中有"告子先我不动心"的话。墨子书中，亦有告子。不知只是一人抑是二人。勉强凑合，可以说上见墨子，下见孟子。

这种考据的话，暂且不讲。单讲告子论性，主张颇与宓子贱及世子相同。告子说："生之谓性。"造字的本义，性就是人所以生者。既承认生之谓性，那么，善恶都说不上，不过人所以生而已。又说："食色性也。"这个性完全讲人，专从血气身体上看性，更没有多少玄妙的地方。赤裸裸的，一点不带色彩。他的结论是："性无善无不善也。"由告子看来，性完全属于中性，这是一说。

同时公都子所问还有两说。或曰："性可以为善，可以为不善。"或曰："有性善，有性不善。"第一说同告子之说，可以会通。因为性无善无不善，所以性可以为善，可以为不善。再切实一点讲，因为性有善有不善，所以可以为善，可以为不善。第二说，有性善有性不善，与性有善有不善不同。前者为人的差异，后者为同在一人身中，部分的差异。所以说"文武兴则民好善，幽厉兴则民好暴"。只要有人领着群众往善方面走，全社会都跟着往善走。又说"以尧为君而有象，以瞽瞍为父而有舜"。瞽瞍的性恶不碍于舜的性善。这三说都可以谓之离孔子原意最近。拿去解释性相近习相远的话，都可以说得通。

孔子所说的话极概括，极含浑。后来偏到两极端，是孟子与荀子。孟子极力主张性善。公都子说他"今曰性善，然则彼皆非欤"。孟子所主的性善，乃是说："君子所性仁、义、礼、智，根于心。"这句话如何解释呢？《公孙丑上》说："恻隐之心，仁之端也；羞恶之心，义之端也；辞让之心，礼之端也；是非之心，智之端也。人之有是四端也，犹其有四体也。"这几种心都是随着有生以后来的。《告子上》又说："口之于味也，有同耆焉；耳之于声也，有同听焉；目之于色也，有同美焉。至于心，独无所同然乎？心之所同然者何也？谓礼也，义也。圣人先得我心之所同然耳。故理义之悦我心，犹刍豢之悦我口。"这类话讲得很多。他说仁义礼智，或说性是随着有生就来的。人的善性，本来就有好像口之于美味，目之于美色一样，尧舜与吾同耳。

人性本善，然则恶是如何来的呢？孟子说是习惯，是人为，不是原来面目。凡儒家总有解释孔子的话，"心之所同然""圣人与我同类"。这是善，是性相近；为什么有恶，是习相远。《告子上》又说："牛山之木尝美矣，以其郊于大国也，斧斤伐之，可以为美乎？是其日夜之所息，雨露之所润，非无萌蘖①之生焉，牛羊又从而牧之，是以若彼濯濯也。人见其濯濯也，以为未尝有材焉，此岂山之性也哉？虽存乎人者，岂无仁义之心哉？其所以放其良心者，亦犹斧斤之于木也，旦旦而伐之，可以为美乎？其日夜之所息，平旦之气，其好恶与人相近也者几希，则其旦昼之所为有梏亡之矣。梏之反覆则其夜气不足以存，夜气不足以存，则其违禽兽不远矣。人见其禽兽也，而以为未尝有才焉者，是岂人之情也哉？"这是用树林譬喻到人。树林所以濯濯，因为斩伐过甚；人所以恶，因为失其本性。所以说"若夫为不善，非才

---

① 萌蘖：植物的萌芽。蘖，读音为 niè。

之罪也"。人性，本是善的；失去本性，为习染所误，才会作恶。好像水本是清的，流入许多泥沙，这才逐渐转浊。水把泥沙淘净，便清了；人把坏习惯去掉，便好了。自己修养的功夫以此为极点，教育旁人的方法，亦以此为极点。

孟子本身对于性字，没有简单的定义。从全部看来，绝对主张性善。性善的本原只在人身上，有仁义礼智四端，而且四端亦就是四本。《公孙丑上》讲："无恻隐之心，非人也；无羞恶之心，非人也；无辞让之心，非人也；无是非之心，非人也。"说明人皆有恻隐之心。以乍见孺子将入于井为例，下面说，"非所以内交于孺子之父母也，非所以要誉于乡党朋友也，非恶其声而然也"。赤裸裸的只是恻隐，不杂一点私见。这个例确是引得好，令我们不能不承认，恻隐之心，人皆有之。可惜羞恶之心、恭敬之心、是非之心，就没有举出例来。我们觉得有些地方，即如辞让之心，便很难解答。若能起孟子而问之，倒是一件很有趣的事情。孟子专看见善的方面，没有看见恶的方面，似乎不大圆满。荀子主张与之相反。要说争夺之心，人皆有之，倒还对些。那时的人如此，现在的人亦然。后来王充《本性》篇所引如商纣、羊舌食我一般人，仿佛生来就是恶的，不能不承认他们有一部分的理由。孟子主张无论什么人，生来都是善的；要靠这种绝对的性善论做后盾，才树得起这派普遍广大的教育原理。不过单作为教育手段，那是对的。离开教育方面，旁的地方，有的说不通，无论何人亦不能为他做辩护。

因为孟子太高调、太极端，引起反动，所以有荀子出来主张性恶。《性恶》篇起头一句便说："人之性恶，其善者伪也。"要是不通训诂，这两句话很有点骇人听闻。后人攻击他，就因为这两句。荀子比孟子晚百多年，学风变得很厉害。讲性不能笼统地发议论，要根据论理学，先把名词的定义弄清楚。在这个定义的范围内，再讨论其性质若何。"性恶"是荀子的结论。为什么得这个结论，必先分析"性"是什么东西，再分析"伪"是什么东西；"性""伪"都弄明白了，自然结论也就明白了。什么是性？《正名》篇说："生之所以然者谓之性。"与告子"生之谓性"含义正同。底下一句说："性之和所生，精合感应，不事而自然谓之性。"便是说自然而然如此，一点不加人力。性之外，还讲情。紧跟着说："性之好恶喜怒哀乐谓之情。"这是说情是性之发动出来的，不是另外一个东西，即性中所含的喜怒哀乐，往外发泄出来的一种表现。什么是伪？下面又说："情然而心为之择，谓之虑；心虑而能为之动，谓之伪。""能"字荀子用作态字，由思想表现到耳目手足。紧跟着说："虑积焉能习焉而后成，谓之伪。"这几段话，简单地说，就是天生之谓性，人为之谓伪。天生本质是恶的，人为陶冶，逐渐变善。所以他的结论是："人之性恶，其善者伪也。"

荀子对于性解释的方法与孟子相同，唯意义正相反。《性恶》篇说："今人之性生而有好利焉，顺是故争夺生而辞让亡焉；生而有疾恶焉，顺是故残贼生而忠信亡焉；生而有耳目之欲，有好声色焉，顺是故淫乱生而礼义文理亡焉。然则从人之性，顺人之情，必出于争夺，合于犯分乱理而归于暴。故必将有师法之化，礼义之道，然后出于辞让，合于文理，而归于治。用此观之，然则人之性恶明矣,其善者伪也。故枸木必将待檃栝①烝②矫③然后直,钝金必将待砻厉④然后利,人之性恶必将待师法然后正,得礼义然后治。"这段话是说顺着人的本性,只有争夺、残贼、淫乱,应当用师法礼义去矫正他,犹之乎以树木作器具,要经过一番人力一样。《性恶》篇还有两句说:"不可学,不可事之在天者,谓之性;可学而能,可事而成之在人者,谓之伪。是性伪之分也。"这两句话,说得好极了。性、伪所以不同之点,讲得清清楚楚的。《礼论》篇还有两句说:"性者,本始材朴也;伪者,文理隆盛也。无性则伪之无所加,无伪则性不能自美。"这是说专靠原来的样子,一定是恶的,要经过人为,才变得好。

荀子为什么主张性恶?亦是拿来作教育的手段。孟子讲教育之可能,荀子讲教育之必要。对于人性若不施以教育,听其自由,一定堕落。好像枸木钝金,若不施以烝矫砻厉,一定变坏。因为提倡教育之必要,所以主

---

① 檃栝:矫正竹木弯曲的工具。读音为 yǐn kuò。
② 烝:烘烤。
③ 矫:把弯曲的东西弄直。
④ 砻厉:磨;磨炼。砻,读音为 lóng。

张性恶说。一方面如孟子的极端性善论，我们不能认为真理；一方面如荀子的极端性恶论，我们亦不完全满意。不过他们二人，都从教育方面着眼，或主性善，或主性恶，都是拿来作教育的手段，所以都是对的。孟子以水为喻，荀子以矿为喻。采得一种矿苗，如果不淘、不炼、不铸，断不能成为美的金器。要认性是善的，不须教育，好像认矿是纯粹的，不须锻炼。这个话，一定说不通。对于矿要加功夫，对于人亦要加功夫。非但加功夫，而且要常常加功夫。这种主张，在教育上有极大的价值。但是离开教育，专门讲性，不见得全是真理。我们开矿的时候，本来是金矿，才可以得金，本来是锡矿，绝对不能成金。

孟荀以前，论性的意义，大概包括情性并讲，把情认为性的一部分。孟子主性善。《告子上》论情说："乃若其情，则可以为善矣，乃所谓善也。"性善所包括的情亦善。荀子主性恶。《正名》篇论情说："不事而自然谓之性。性之好恶喜怒哀乐谓之情。"性恶所包括的情亦恶。笼统地兼言性情，把情作为性的附属品，汉以前学者如此。

至汉,学者主张分析较为精密。一面讲性的善恶,一面讲情的善恶。头一个是董仲舒,最先提出情性问题。《春秋繁露·深察名号》篇说:"……天地之所生,谓之性情。性情相与,为一瞑,情亦性也。谓性已善,奈其情何?故圣人莫谓性善,累其名也。身之有性情也,若天之有阴阳也。言人之质而无其情,犹言天之阳而无其阴也。"董子于性以外,专提情讲。虽未把情撇在性外,然渐定性情对立的趋势。王充《论衡·本性》篇说:"董仲舒览孙孟之书,作性情之说曰:'天之大经,一阴一阳;人之大经,一情一性。性生于阳,情生于阴。阴气鄙,阳气仁。曰性善者,是见其阳也;谓恶者,是见其阴者也……'"人有性同情,与天地的阴阳相配,颇近于玄学的色彩。而谓情是不好的东西,这几句话,《春秋繁露》上没有,想系节其大意。董子虽以阴阳对举,而阳可包阴;好像易以乾坤对举,而乾可包坤一样。《春秋繁露》的话,情不离性而独立。《论衡》加以解释,便截然离为二事了。大概董子论性有善有恶。《深察名号》篇说:"人之诚,有贪有仁。仁贪之气,两在一身。"这个话,比较近于真相。孟子见仁而不见贪,谓之善。荀子见贪不见仁，谓之恶。董子调和两说谓："仁贪之气，两在一身。"所以有善有恶。王充批评董子，说他"览孙孟之书，作性情之说"。这个话有语病。他并不是祖述哪一个的学说，不过他的结论，与荀子大致相同。《深察名号》篇说："天生民性，有善质而未能善。""今万民之性，待外教然后能善。"《实性》篇又说："名性者，中民之性。中民之性，如茧如卵。卵待覆二十日而后能为雏，茧待缫以涫汤①而后能为丝，性待渐于教训而后能为善。善教训之所然也。"孟子主张性无有不善，他不赞成。荀子主张人之性恶，他亦不赞成。但是他的结论，偏于荀子方面居多。董子虽主情包括于性中，说"情亦性也"，但情性二者，几乎立于对等的地位。后来情性分阴阳，阴阳分善恶，逐渐变为善恶二元论了。汉朝一代的学者，大概都如此主张。《白虎通》乃东汉聚集许多学者，讨论经典问题，将其结果编撰而成一部书。其中许多话，可以代表当时大部分人的思想。《白虎通·情性》篇说："情性者，何谓也？性者阳之施，情者阴之化也。人禀阴

---

① 涫汤：沸滚的水。涫，读音为 guàn。

阳气而生，故内怀五性六情。情者静也，性者生也。此人所禀天气以生者也。故《钩命决》曰：'情生于阴，欲以时念也。性生于阳，以理也。阳气者仁，阴气者贪。故情有利欲，性有仁也。'"这些话，祖述董仲舒之说，董未划分，《白虎通》已分为二。王充时，已全部对立了。许慎《说文》说："性，人之阳气性善者也。""情，人之阴气有欲者。"此书成于东汉中叶，以阴阳分配性情。性是善的，情是恶的。此种见地，在当时已成定论。王充罗列各家学说，归纳到情性二元，善恶对立，为论性者树立一种新见解。

情性分家，东汉如此，到了三国讨论得更为热烈。前回讲儒学变迁，说钟会作《四本论》，讨论才性同、才性异、才性合、才性离的问题。才大概即所谓情。孟子说："乃若其情，则可以为善矣，乃所谓善也。若夫为不善，非才之罪也。"情才有密切关系，情指喜怒哀乐，才指耳目心思，都是人的器官。《四本论》这部书，可惜丧失了。内中所说的才是否即情，尚是问题。亦许才即是情。董尚以为附属，东汉时，已对立。三国时，更有同异离合之辩。后来程、朱、颜、戴所讲，亦许他们早说过了。大家对于情的观念，认为才是好东西。这种思想的发生，与道家有关系，与佛教亦有关系。何晏著《圣人无喜怒哀乐论》主张把情去干净了，便可以成圣人，这完全受汉儒以阴阳善恶分性情的影响。

到唐朝，韩昌黎出，又重新恢复到董仲舒原性说："性也者，与生俱生者也；情也者，接于物而生也。性之品有三，而其所以为性者五。情之品有三，而其所以为情者七。……性之品有上中下三……其所以为性者有五：曰仁，曰礼，曰信，曰义，曰智。性之于情视其品。情之品有上中下三，其所以为情者七：曰喜，曰怒，曰哀，曰惧，曰爱，曰恶，曰欲。……情之于性视其品。"这是性有善中恶的区别，情亦有善中恶的区别。韩愈的意思，亦想调和孟荀，能直接追到董仲舒，只是发挥未透，在学界上地位不高。他的学生李翱就比他说得透彻多了。李翱这个人，与其谓之为儒家，毋宁谓之为佛徒。他用佛教教义，拿来解释儒书，并且明目张胆地把情划在性之外，认为情是绝对恶的。《复性书》上说："人之所以为圣人者，性也。人之所以感其性者，情也。喜、怒、哀、乐、爱、恶、欲七者，皆情之所为也。情既昏，性斯匿矣，非性之过也。七者循环而交来，故性不能充也。……性之动静弗息，则不能复其性。"这是说要保持本性，须得把情去掉了。若让情尽量发挥，本性便要丧失。《复性书》中紧跟着说："将复其性者，必有渐也。敢问其方，曰：'弗虑弗思，情则不生，情既不生，乃为正思。正思者，无虑无思也。'"照习之的说法，完全成为圣人，要没有喜、怒、哀、乐、爱、恶、欲，真是同槁木死灰一样。他所主张的复性，是把情欲铲除干净，恢复性的本原。可谓儒家情性论的一种大革命。从前讲节性、率性、尽性，是把性的本身抑制他，顺从他，或者扩充他。没有人讲复性，复性含有光复之意。如像打倒清代，恢复汉人的天下，这就叫复。假使没有李翱这篇，一般人论性，都让情字占领了去，反为失却原样。如何恢复就是去情。习之这派话，不是孔子，不是孟子，不是荀子，不是董子，更不是汉代各家学说，完全用佛教的思想和方法，拿来解释儒家的问题。自从《复性书》起，后来许多宋儒的主张，无形之中受了此篇的暗示。所以宋儒的论性，起一种很大的变化，与从前的性论，完全不同。

宋儒论性，最初的是王荆公。他不是周、程、朱、张一派，理学家他排斥在外。荆公讲性，见于本集性情论中。他说："性情一也。七情之未发于外，而存于心者，性也；七情之发于外者，情也。性者，情之本；情者，性之用。情而当于理，则圣贤；不当于理，则小人。"此说在古代中，颇有点像告子。告子讲"生之谓性""食色性也""性，可以为善，可以为不善"与"当于理则君子，不当于理则小人"之说相同。荆公在宋儒中，最为特别，极力反对李翱一派的学说。

以下就到周濂溪、张载、程颢、程颐、朱熹，算是一个系统。他们几个人，虽然根本的主张，出自李翱，不过亦有多少变化。其始甚粗，其后甚精。自孔子至李翱，论性的人，都没有用玄学作根据。中间只有董仲舒以天的阴阳，配人的性情讲，颇带玄学气味。到周、程、张、朱一派，玄学气味更浓。濂溪的话，简单而费解。《通书·诚几德章》说："诚无为，几善恶。"这是解性的话。他主张人性二元，有善有恶。《太极图说》又云："无极而太极，太极动而生阳。动极而静，静而生阴。"他以为有一个超绝的东西，无善无恶，即诚无为。动而生阴，即几善恶。几者，动之微也。动了过后，由超绝的一元，变为阴阳善恶的二元。董子所谓天，即周子所谓太极。周子这种诚无为、几善恶的话，很简单。究竟对不对，另是一个问题。我们应知道的，就是二程、张、朱，后来都走的这条路。张横渠的《正蒙·诚明》篇说："形而后有气质之性，善反之则天地之性存焉。故气质之性，君子有弗性者。"形状尚未显著以前，为天理之性。形状显著以后，成为气质之性。天理之性，是一个超绝的东西。气质之性，便有着落，有边际。李翱以前，情性对举是两个分别的东西；横渠知道割开来说不通，要把喜怒哀乐去掉，万难自圆其说。所以在性的本身分成两种，一善一恶，并且承认气质之性是恶的。比李翱又进一步了。

明道亦是个善恶二元论者。《二程全书》卷二说："论性不论气，不备；论气不论性，不明。"他所谓气，到底与孟子所谓情和才，是全相合，或小有不同，应当另外研究。他所谓性，大概即董子所谓情，论情要带着气讲。又说："生之谓性，性即气，气即性。人生气禀，理有善恶，然不是性中原有此；两两相对而生，有自幼而善，有自幼而恶，气禀有然也。善，固性也；然恶亦不可不谓之性。"他一面主张孟子的性善说——宋儒多自命为孟子之徒——一面又主张告子的性有善有恶说。生之谓性一语，即出自告子。最少他是承认人之性善恶混，就像董仲舒、扬雄一样。后来觉得不能自圆其说了，所以发为遁词。又说："人生而静以上不容说，才说性时，便已不是性也。"这好像禅宗的派头，才一开口，即便喝住。从前儒家论性，极其平实，到明道时，变成不可捉摸，持论异常玄妙，结果生之谓性是善，不用说，有了形体以后，到底怎么样，他又不曾说清楚，弄得莫名其妙了。伊川的论调，又自不同，虽亦主张二元，但比周、张、大程都具体得多。《近思录·道体类》说："性出于天，才出于气。气清则才清，气浊则才浊。气则有善有不善，才则无善无不善。"这种话与横渠所谓天理之性、气质之性，立论的根据很相接近。《全书》卷十九又说："性无不善，而有善有不善者才也。性即是理，理则自尧舜至于途人一也。才，禀于气，气有清浊，清者为贤，浊者为愚。"名义上说是宗法孟子，实际上同孟子不一样。孟子说："若夫为不善，非才之罪也。"主张性、情、才全是善的。伊川说："有善有不善者，才也。"两人对于才的见解，相差多了。伊川看见绝对一元论讲不通，所以主张二元。但他同习之不一样。习之很极端，完全认定情为恶的。他认定性全善，情有善有不善。才，即孟荀所谓性，性才并举，性即是理，理是形而上物，这是言性的一大革命。人生而近于善，在娘胎的时候，未有形式之前，为性，那是善的，一落到形而下，为才，便有善有不善。二程对于性的见解，实主性有善有不善，不过在上面，加上一顶帽子，叫作性之理。他们所谓性，与汉代以前所谓性不同，另外是一个超绝的东西。

朱熹的学问完全出于伊川、横渠，他论性，即由伊川、横渠的性论引申出来。《学》的上篇说："论天地之性，则专主理；论气质之性，则以理与气离而言之。"这完全是解释张横渠的话。《语类一》又说："性者，人之所得于天之理；生者，人之所得于天之气。"他把性同生分为两件事，与从前生之谓性的论调不一样。从大体看，晦翁与二程主张相似，一面讲天之理，一面讲天之气。单就气质看，则又微有不同。二程谓气质之性，有善有不善，属于董子一派。晦翁以为纯粹是恶的，属于荀子一派。因为天地之性是超绝的，另外是一件事，可以不讲。气质之性是恶的，所以主张变化气质。朱子与李翱差不多，朱主变化气质，李主消灭情欲。朱子与张载差不多，张分天地之性、气质之性，朱亦分天地之性、气质之性。气质是不好的，要设法变化他，以复本来之性。《大学章句》说："明德者，人之所得乎天而虚灵不昧，以具众理，而应万事者也。但为气禀所拘，人欲所蔽，则有时而昏。然本体之明，则有未尝息者。故学者当因其所发而遂明之，以复其初也。"恢复从前的样子，这完全是李翱的话，亦即荀子的话。周、程、张、朱这一派，其主张都从李翱脱胎出来，不过理论更较完善精密而已。

与朱熹同时的陆象山就不大十分讲性，《象山语录》及文集，讲性的地方很少。《朱子语录》有这样一段："问子静不喜人论性，曰，怕只是自己理会不曾分晓，怕人问难，又长大了，不肯与人商量，故一截截断。然学而不论性，不知所学何事？"朱子以为陆子不讲这个问题，只是学问空疏。陆子以为朱子常讲这个问题，只是方法支离。不单训诂、考据，认为支离；形而上学，亦认为支离。朱陆辩《太极图说》，朱子抵死说是真的，陆子绝对指为伪的，可见九渊生平不喜谈玄。平常人说陆派谈玄，近于狂禅，这个话很冤枉。其实朱派才谈玄，才近于狂禅。性的问题，陆子以为根本上用不着讲。这种主张，固然有相当的理由，不过我们认为还有商酌的余地。如像大程子所谓"才说性时，便已不是性"，那真不必讨论。但是孟荀的性善性恶说，确有讨论的必要，在教育方面，其他方面，俱有必要。总之，宋代的人性论是程朱一派的问题，陆派不大理会，永嘉派亦不大理会。

明人论性，不如宋人热闹。阳明虽不像子静绝对不讲，但所讲并不甚多，最简单的，是他的四句之教："无善无恶性之体，有善有恶意之动，知善知恶是良知，为善去恶是格物。"据我们看，阳明这个话说得很对。从前讲性善性恶都没有定范围，所以说来说去莫衷一是。认真说，所讨论的那么多，只能以"无善无恶性之体"七字了之。程朱讲性，形而上是善，形而下是恶。阳明讲性，只是中性，无善无恶。其他才、情、气都是一样，本身没有善恶。用功的方法，在末后二句。孟荀论性很平易切实，不带玄味。程朱论性，说得玄妙超脱，令人糊涂。陆王这派，根本上不大十分讲性，所以明朝关于这个问题的论调很少，可以从略。

清代学者对于程朱起反动，以为人性的解释要恢复到董仲舒以前，更进一步，要恢复到孟荀以前。最大胆、最爽快地推倒程朱自立一说，要算颜习斋了。习斋以为宋儒论性，分义理气质二种，义理之性与人无关，气质之性又全是恶，这种讲法在道理上说不通。他在《颜氏学记》中主张："不惟气质非吾性之累，而且舍气质无以存养心性。"他不惟反对程朱，而且连孟子杞柳①杯②桊③之喻亦认为不对，又说："孔孟以前责之习，使人去其所本无。程朱以后责之气，使人憎其所本有。"他以为历来论性都不对，特别是程朱尤其不对。程子分性气为二，朱子主气恶，都是受佛氏六贼之说的影响。《颜氏学记》卷二说："……若谓气恶，则理亦恶；若谓理善，则气亦善。盖气即理之气，理即气之理，乌得

---

① 杞柳：木名。落叶乔木，枝条细长柔韧，可编织箱筐等器物。杞，读音为 qǐ。
② 杯：同"杯"。读音为 bēi。
③ 桊：曲木制成的杯盂。读音为 quān。

谓理纯一善，而气质偏有恶哉？譬之目矣，眶疱睛气质也，其中光明，能见物者性也。将谓光明之理，专视正色，眶疱睛乃视邪色乎？余谓光明之理，固是天命，眶疱睛皆是天命，更不必分何者是天命之性，何者是气质之性，只宜言天命人以目之性光明。能视即目之性善，其视之也，则情之善，其视之详略远近，则才之强弱，皆不可以恶言。盖详且远者固善，即略且近亦善，第不精耳，恶于何加？惟因有邪色引动，障蔽其明，然后有淫视而恶始名焉。然其为之引动者，性之咎乎？气质之咎乎？若归咎于气质，是必无此目而后可全目之性矣，非佛氏六贼之说而何？"他极力攻击李习之的话亦很多，不过没有攻击程朱的话那样明显，以为依李之说，要不发动，才算是性；依程朱之说，非挖目不可了。这种攻击法，未免过火，但是程朱末流流弊所及，最少有这种可能性。他根本反对程朱把性分为两橛，想恢复到孟子的原样，这是他中心的主张，所有议论俱不过反复阐明此理而已。

戴东原受颜氏的影响很深，他的议论与颜氏多相吻合，最攻击宋儒的理欲二元说，以为理是条理，即存于欲中，无欲也就无由见理。他说："理者，察之而几微，必区以别之名也，是故谓之'分理'。在物之质曰'肌理'，曰'腠理'，曰'文理'，得其分有条而不紊，谓之'条理'。"理存于欲，宋儒虽开人生渺渺茫茫的、另找一个超绝的理，把人性变成超绝的东西，这是一大错误。东原所谓性，根据《乐记》几句话："人生而静，天之性也；感于物而动，性之欲也；不能反躬，天理灭矣。"由这几句话，引申出来，以成立他的理欲一元、性气一元说。《孟子字义疏证》说："人之精爽，能进于神明，岂求诸气禀之外哉？"又说："理也者，情之不爽失者也。无过情，无不及情，谓之性。"《答彭进士书》又说："情欲未动，湛然无失，是为天性。非天性自天性，情欲自情欲，天理自天理也。"大概东原论性，一部分是心理，一部分是血气。吾人做学问要把这两部分同时发展，所谓存性尽性，不外乎此。习斋、东原都替孟子做辩护，打倒程朱。习斋已经很爽快了，而东原更为完密。

中国几千年来，关于性的讨论，其前后变迁，大致如此。以前没有拿生性学、心理学作根据，不免有悬空肤泛的毛病。东原以后，多少受了心理学的影响，主张又自不同。往后再研究这个问题必定更要精密得多,变迁一定是很大的,这就在后人的努力了。

参考书目:

1. 孟子,《告子》《尽心》两篇
2. 荀子,《性恶》《正名》《劝学》三篇
3. 董仲舒《春秋繁露》,《深察名号》及《实性》两篇
4. 王充《论衡》,《率性》《不性》两篇
5. 韩愈《原性》一篇
6.《白虎通义·情性》篇
7. 李翱《复性书》
8.《朱子语录》讲"性"的一章
9.《近思录》心性两条
10. 颜习斋《存性篇》
11. 戴东原《孟子字义疏证》
12. 孙星衍《原性》一篇

二 天命的问题

前次所讲,不过把研究的方法,说一个大概。认真

说儒家哲学到底有多少问题，每个问题的始末何如，要详细讲，话就长了。一则讲义体，不能适用，再则养病中，预备很难充分，所以只得从略。不过这种方法，我认为很好，大家来着手研究，一定更有心得。要不研究，专门批评亦可以。现在接续着讲几个问题，因时间关系，不能十分详细，仅略引端绪而已。

今天讲天同命的问题。这两个问题有密切的关系，为便利起见，略分先后，先讲天，后讲命。天之一字，见于《书经》《诗经》中者颇多，如果一一细加考察，觉得孔子以前的人对于天的观念，与孔子以后的人对于天的观念不同。古代的天，纯为"有意识的人格神"，直接监督一切政治，如《商书·汤誓》："非台小子，敢行称乱，有夏多罪，天命殛①之。"《盘庚》："先王有命，恪谨天服""予迓②续乃命于天"。《高宗肜日》："惟天监下民，典厥义，降年有永有不永，非天夭民，民中绝命。"《西伯戡黎》："天既讫我殷命……故天弃我不有康食。不虞天命，不迪率典。"《微子》："天毒降灾荒殷邦。"这几处都讲天是超

---

① 殛：惩罚。读音为 jí。
② 迓：迎接。读音为 yà。

越的，另为主宰，有知觉情感与人同，但是只有一个。大致愈古这种观念愈发达，稍近则渐变为抽象的。

《夏书》几篇，大致不能信为很古。其中讲天的，譬如《尧典》："乃命羲和，钦若昊天……敬授民时""钦哉惟时亮天功。"《皋陶谟》："天工人其代之。天叙有典，敕我五典五惇哉！天秩有礼，自我五礼有庸哉！……天命有德，五服五章哉！天讨有罪，五刑五用哉！……"《益稷》："唯动丕应徯志，以昭受上帝，天其申命用休。"假使这几篇是唐虞时代所作，则那时对于天的观念，与孔子很接近了。我们认为周代作品，在孔子之前不多，可以与孔子衔接。其中的话虽然比较抽象，但仍认为有主宰，能视听言动，与基督教所谓上帝相同。

周初见于《书经》的，有《康诰》："我西土惟时怙冒①，闻于上帝。帝休，天乃大命文王，殪②戎殷。"《酒诰》："惟天降命，肇我民。"《梓材》："皇天既付中国民，越厥疆土于先王。"《洛诰》："王如弗敢及天，基命定命……公不敢不敬天之休。"《君奭》："在昔上帝割，申劝

---

① 怙冒：谓勤勉治国之大功。怙，读音为 hù。
② 殪：杀死。读音为 yì。

宁王之德，其集大命于厥功。……乃惟时昭文王。迪见冒闻于上帝，惟时受有殷命哉。"见于《诗经》的有《节南山》："昊天不佣，降此鞠凶。昊天不惠，降此大戾。"《小明》："明明上天，照临下土。"《文王》："上天之载，无声无臭。仪刑文王，万邦作孚。""文王在上，于昭于天。"《维天之命》："维天之命，于穆不已。于乎不显，文王之德之纯。"这个时代的天道观念，已经很抽象，不像基督教所谓全知全能的上帝了。天命是有的，不过不具体而已。把天叙、天秩、天命、天讨那种超自然观念，变为于穆不已、无声无臭的自然法则，在周初已经成熟，至孔子而大进步，离开了拟人的观念，而为自然的观念。

孔子少有说天。子贡说："夫子之言性与天道，不可得而闻也。"但是孔子曾经讲过这个话："天何言哉？四时行焉，百物生焉，天何言哉？"这是把天认为自然界一种运动流行，并不是超人以外，另有主宰。不惟如此，《易经》《彖辞》《象辞》也有。《乾卦彖》说："大哉乾元，万物资始，乃统天。……"《象》曰："天行健，君子以自强不息。"乾元，是行健自强的体，这个东西可以统天，天在其下。《文言》是否孔子所作，虽说尚有疑问，但不失为孔门重要的著作。乾卦的《文言》说："……先天而天弗违，后天而奉天时，而况于人乎？而况于鬼神乎？"能自强不息，便可以统天，可见得孔子时代对于天的观念，已不认为超绝万物的人。按照《易经》的解释，不过是自然界的运动流行，人可以主宰自然界。

这种观念，后来儒家发挥得最透彻的要算荀子。《荀子·天论》篇说："天行有常，不为尧存，不为桀亡。"天按照一定的自然法则运行，没有知觉感情，我们人对于天的态度应当拿作万物之一，设法制它，所以《天论》篇又说："大天而思之，孰与物畜而制之？从天而颂之，孰与制天命而用之？"荀子认天不是另有主宰，不过一种自然现象，而且人能左右它。这些话，从"乾元统天""先天而天弗违"推衍出来的，但是比较更说得透彻些。儒家对于天的正统思想，本来如此。中间有墨子一派，比儒家后起，而与儒家相对抗，对于天道，是另外一种主张。

《墨子》的《天志》篇主张天有意志知觉，能观察人的行为，是万物的主宰。当时儒家的话一部分太玄妙，对于一般人的刺激不如墨家之深，所以墨家旧观念大大地发挥，在社会上很有势力。此外还有阴阳家，为儒家的别派，深感觉自然界力量的伟大，人类无如之何。他们专讲阴阳五行，终始五德之运，在社会上亦有相当的势力，虽不如墨家之大，亦能左右人心。此两种思想，后来互相结合，在社会上根深蒂固，一般学者很受影响。汉代大儒董仲舒，他就是受影响极深的一个人。《春秋繁露》中以天名篇的，有《天容》《天辨》《循天之道》《天地之行》《如天之为》《天地阴阳》《天地施共》七处。《为人者天》第四十一说："为生不能为人，为人者天也。人之人，本于天，天亦人之曾祖父也。此人之所以乃上类天也。人之形体，化天数而成；人之血气，化天志而行；人之德行，化天理而义。人之好恶，化天之暖清；人之喜怒，化天之寒暑；人之受命，化天之四时。人生有喜怒哀乐之答，春秋冬夏之类也。"这种主张，说人是本于天而生，与《旧约·创世记》所称上帝于七天之中造就万物，最后一天造人一样。推就其来源，确是受墨家的影响。董子是西汉时代的学者，他的学说影响到全部分，全部分的思想亦影响到他。可见汉人的天道观念，退化到周秦以上。董子讲天人之道，《贤良对》说："……

《春秋》之中，视前世已行之事，以观天人相与之际，甚可畏也。"又讲五行灾异，《汉书》本传称："……以《春秋》灾异之变，推阴阳所以错行，故求雨闭诸阳纵诸阴，其止雨，则反是。"汉儒讲灾异的人很多，朝野上下，都异常重视，因不仅仲舒为然。刘向是鲁派正宗，亦讲五行灾异。《洪范五行传》差不多全部都是。董子《天人三策》，句句像墨家的话。《春秋繁露》所讲更多。其他汉儒大半如此。孔子讲天道，即自然界，是一个抽象的东西；董子讲天道，有主宰，一切都由它命令出来。《天人三策》说："道之大原出于天，天不变，道亦不变。"这种说法，同基督所谓上帝一样了。

真正的儒家，不是董子这种说法。儒家讲"人能弘道，非道弘人"，此类主张，就是乾元统天，先天而天弗违的思想。道之大原出于天，那是另外一种思想。汉人很失掉儒家的本意，宋代以后，渐渐恢复到原样，惟太支离玄妙一些。如濂溪的《太极图说》，横渠的气一元论，明道的乾元一气论，伊川的天地化育论，晦翁的理气二元论，大概以天为自然法则，与孔子的见解尚不十分背谬。明代王阳明所讲更为机械，先讲心物一元，天不过物中之一，一切万物，皆由心造，各种自然法则，全由心出，可谓纯粹的唯心论。阳明对天的观念，恢复到荀子孔子，他说："天若是没有我，谁去仰他的高？地若是没有我，谁去看他的深？"这无异说是没有我就没有天，天地存在，依我而存在。王学末流，扩充得更厉害。王心斋说："天我亦不做他，地我亦不做他，圣人我亦不做他。"把自我看很清洁，一切事物都没有到我的观念下面。宋元明对于儒家的观念，大概是恢复到孔门思想。比较上，宋儒稍为支离，明儒稍为简切。几千年来，对于天的主张和学说，大概如此。

现在再讲命的问题。命之一字，最早见于《书经》的，有《高宗肜日①》："降年有永有不永，非天夭民，民中绝命。"《西伯戡黎》："天既讫我殷命。……王曰：我生不有命在天。"《召诰》："天既遐终大邦殷之命，兹殷多先哲王在天。""若生子，罔不在厥初生，自贻哲命。……王其德之用，祈天永命。"《洛诰》："王如弗敢及天，基命定命。"见于《诗经》的有《文王》："周虽

---

① 肜日：肜祭之日。肜，读音为 róng。

旧邦，其命维新。有周不显，帝命不时。"《荡》："疾成上帝，其命多辟。天生烝民，其命匪谌。"《维天之命》："维天之命，于穆不已。"《思文》："贻我来牟，帝命率育。"《敬之》："敬之敬之，天维显思，命不易哉。"其他散见于各处的还很多，大致都说天有命，人民国家亦都有命。因古代人信天，自然不能不连带地信命了。

孔子很少说命。门弟子尝说："子罕言利与命与仁。"不过《论语》中亦有几处，如"五十而知天命""不知命，无以为君子也"。命是儒家主要观念，不易知，但又不可不知。墨子在在与儒家立于反对的地位，所以非命。依我们看来，儒家不信天，应亦不信命；墨家讲天志，应亦讲命定，可是结果适得其反，这是一件很有趣的事情。孔子既然不多讲命，要五十然后能知，那么他心目中所谓的命，是怎样一种东西，没有法子了解。不过他曾说："道之将行也欤，命也。道之将废也欤，亦命也。"这样看来，人仿佛要受命的支配，命一定了，无如之何。孔子以后，《易·彖辞》讲："乾道变化，各正性命。"《系辞》讲："穷理尽性，以至于命。"《中庸》讲："君子居易以俟命。"《孟子》尤其讲得多："莫非命也，顺受其正。""夭寿不贰，修身以俟之，所以立命也。""知命者，不立乎岩墙之下。"历来儒家都主张俟命，即站在合理的地位，等命来，却不是白白地坐着等，要修身以俟之，最后是立命，即造出新命来。俟命是静的，立命便是动的了。

《孟子》有一章书，向来难解："孟子曰，口之于味也，目之于色也，耳之于声也，鼻之于臭也，四肢之于安佚也，性也。有命焉，君子不谓性也。仁之于父子也，义之于君臣也，礼之于宾主也，智之于贤者也，圣人之于天道也，命也。有性焉，君子不谓命也。"这段话各家的解法不同，最后戴东原出，把"不谓"作为"不藉口"讲。他说："君子不藉口于性，以逞其欲，不藉口于命之限，而不尽其材。"《孟子》这章书，头一段的意思，是一个人想吃好的，看好的，听好的，这是性，不过有分际，没有力做不到，只好听天安命，并不是非吃大菜，非坐汽车不可。肉体的欲望，人世的虚荣，谁都愿意，但切不要借口于性，以纵其欲。第二段的意思，是说有些人，生而有父母，有些人生而无父母；从前有君臣，现在无君臣；颜子闻一知十，子贡闻一知二；我们闻二才知一，或闻十才知一。这都是命，天生来就如此。不过有性，人应该求知识，向上进，不可借口聪明才力不如人，就不往前做。这两段话，很可以解释儒家使命立命之说。

命是儒家的重要观念。这个观念不大好，墨家很非难之。假使命由前定，人类就无向上心了。八字生来如此，又何必往前努力？这个话，于人类进步上很有妨害，并且使为恶的人，有所假托。吾人生来如此，行为受命运的支配，很可以不负责任。儒家言命的毛病在此，墨家所以非之亦在此。一个人尽管不信命，但是遗传及环境，无论如何摆脱不开。譬如许多同学中，有的身体强，有的身体弱，生来便是如此。身体弱的人，虽不一概放下，仍然讲求卫生，但是只能稍好一点，旁人生来身体好的，没有法子赶上。

荀子讲命，又是一种解释，他说："节遇谓之命。"他虽然不多言命，但是讲得很好。偶然碰上，就叫节遇，就叫命。遗传是节遇，环境亦是节遇。生来身体弱不如旁人，生在中国不如外国，无论如何没有法子改变。庄子讲命很有点像儒家，他说："知其不可奈何，而安之若命。"天下无可奈何的事情很多。身体是一种,教育也是一种。许多人同我们一般年龄,因为没有钱念书,早晚在街上拉洋车,又有什么法子呢?儒家看遗传及环境很能支配人,但是没有办法,只好逆来顺受,听天安命。身体不好,天天骂老太爷老太太无用;没有钱念书,天天骂社会骂国家,亦没有用。坏遗传环境,亦只好安之。人们受遗传及环境的支配,无可如何的事情很多。好有好的无可如何,坏有坏的无可如何;贫有贫的无可如何,富有富的无可如何。自己贫,不要羡慕人家富;自己坏,不要羡慕人家好。定命说虽有许多毛病,安命说却有很大的价值。个人的修养,社会的发达,国家的安宁,都有密切关系。若是大家不安命,对于已得限制绝对不安,自己固然不舒服,而社会亦日趋纷乱。

安命这种思想,儒家很看重。不仅如此,儒家还讲立命,自己创造出新命来。孟子讲:"夭寿不贰,修身以俟之,所以立命也。"这是说要死只得死,阎王要你三更死,谁肯留人到五更?但不去寻死。知命者,不立乎岩墙之下。身体有病,就去就医,自己又讲卫生,好一分,算一分,不求重病,更不求速死。小之一人一家如此，大之国家社会亦复如此。譬如万一彗星要与地球相碰，任你有多少英雄豪杰，亦只得坐而待毙。但是如果可以想法避去，还是要想法子，做一分算一分，做不到没法子，只好安之，不把努力工作停了。孔子所谓"知其不可为而为之"，就是这个意思。孔子知命，所以很快乐。"发愤忘食，乐以忘忧，不知老之将至云耳。"一面要安命，君子不怨天，不尤人；一面要立命，知其不可为而为之。这是吾人处世，应当取的态度。普通讲征服自然，其实并没有征服多少。日本自明治维新以后，几十年的经营努力，所造成的光华灿烂的东京，前年地震，几分钟的工夫，便给毁掉了。所谓文明，所谓征服，又在哪里？不过人的力量虽小，终不能不工作。地震没有法子止住，然有法可以预防，防一分算一分。儒家言命的真谛，就是如此。

宋儒明儒都很虚无缥缈，说话不落实际，可以略去不讲。清代学者言命的人颇多，只有两家最说得好。一个是戴东原《孟子字义疏证》卷中解释"口工作于味也……"一段说："……'谓'犹云藉口耳，君子不藉口于性，以逞其欲，不藉口于命之限，而不尽其材。'不谓性'，非不谓之为性；'不谓命'，非不谓之为命。"这几句话把安命立命的道理，说得异常透彻，而且异常恰当。一个是李穆堂。《穆堂初稿》卷十之八说："是故有定之命，则居易以俟之，所以息怨尤；无定之命，则修身以立之，所以扶人极也。"这是讲安命说、立命说的功用。又说："有定之命有四：曰天下之命，曰一国之命，曰一家之命，曰一身之命。……无定之命亦有四……"这是讲小至一身一家，大至国家天下，其理都是一样。数千年来言命，孟荀得其精粹，戴李集其大成，此外无可说，此后亦无可说了。

三 心体问题

这个问题，孔子时代不十分讲。孔子教人，根本上就很少离开耳目手足专讲心。本来心理作用，很有许多起于外界的刺激，离开耳目手足专讲心，事实上不可能。孔子教人"非礼勿视，非礼勿听，非礼勿言，非礼勿动"。视听言动，还是起于五官的感觉，没有五官，又从哪里视听言动起？《论语》称颜子"其心三月不违仁"，为儒家后来讲心的起点。仁为儒家旧说，心为后起新说，心仁合一，颜子实开端绪。

因为《论语》有这个话，引起道家的形神论。除开体魄以外，另有所谓灵魂。而附会道家解释儒家的人，渐渐发生一种离五官专讲心的学说。《庄子·人间世》称颜子讲心斋①，他说："回之家贫，唯不饮酒不茹荤者数月矣。若此，则可以为斋乎？"孔子说："是祭祀之斋，非心斋也。"颜子问道："敢问心斋。"孔子说："若一志，无听之以耳，而听之以心；无听之以心，而听之以气。听止于耳，心止于符。气也者，虚而待物者也。唯道集虚。虚者，心斋也。"这类话，都是由于"其心三月不违仁"而起，离开耳目口鼻之官，专门讲心。

孔子之后，孟子之前，有《系辞》及《大学》。《系辞》究竟是否孔子作，《大学》是否在孟子前，尚是问题，现在姑且作为中间的过渡学说。《系辞》说："寂然不动，感而遂通天下之故。"《大学》说："欲修其身者，先正其心。欲正其心者，先诚其意。欲诚其意者，先致其知，致知在格物。"这还单注重动机，没有讲到心的

---

① 心斋：摒除杂念，使心境虚静纯一。

作用。

至孟子便大讲其心学了。孟子有一段话说:"耳目之官,不思而蔽于物。物交物,则引之而已矣。心之官则思,思则得之,不思则不得也。"这几句话从心理学上看,不甚通。他离开耳目之官,专门讲心,谓耳目不好,受外界的引诱,因为耳目不能思;心是好的,能够辨别是非,因心能思。孔子没有这类的话,虽孔子亦曾说"学而不思则罔,思而不学则殆",但非把心同耳目离开来讲,与孟子大不相同。我们觉得既然肉体的耳目不能思,难道肉体的心脏又能思吗?佛家讲六识,眼识、耳识、心识……心所以能识,还是靠有肉体的器官呀。

上面那段话,从科学眼光看是不对的。但孟子在性善说中立了一个系统,自然会有这种推论。孟子既经主张性善,不能不于四肢五官以外,另求一种超然的东西,所以他说四肢五官冥顽不灵,或者是恶,或者是可善可恶,惟中间一点心。虚灵不昧,超然而善。《告子章》说:"口之于味也,有同嗜焉;耳之于声也,有同听焉;目之于色也,有同美焉。至于心,独无所同然乎?心之所同然者,何也?谓理也,义也。圣人先得我心之所同然耳。……"又说:"君子所性,仁义礼智根于心。"这都是在肉体的四肢五官以外,另有一种超然的善的心。人与动物不同就在这种地方。所以他说:"人之所以异于禽兽者几希,庶民去之,君子存之。"大概的意思,是说四肢五官人与动物所同,惟心灵为人所独有,所以人性是善的。何以有恶?由于物交物,则引之而已矣。

因为物交物的引诱,所以人性一天天地变恶。孟子名之为失其本心。他说:"……是亦不可以已乎?此之谓失其本心。"并以牛山之木为喻,说道:"虽存乎人者,岂无仁义之心哉?其所以放其良心者,亦犹斧斤之于木也,旦旦而伐之,可以为美乎?"结果,他教人用功下手的方法,就是求其放心。他说:"学问之道无他,求其放心而已矣。"人类的心,本来是良的,一经放出去,就不好了,做学问的方法,要把为物交物所引出的心收回来,并且时时操存它。孟子引孔子的话说:"'操则存,舍则亡;出入无时,莫知其乡。'惟心之谓与?"专从心一方面拿来作学问的基础,从孟子起。

后来陆象山讲"圣贤之学,心学而已"。这个话指孟子学说是对的,谓孟本于孔亦对的。不过孔子那个时代,原始儒家不是这个样子。孟子除讲放心操心以外，还讲养心。他说："养心莫善于寡欲。"又讲存心，他说："君子以仁存心，以礼存心。"以养存的功夫，扩大自己人格，这是儒家得力处。《孟子》全书，讲心的地方极多，可谓心学鼻祖。陆象山解释孟子以为只是"求放心"一句话。后来宋儒大谈心学，都是宗法孟子。

荀子虽主性恶，反对孟子学说，然亦注重心学，惟两家所走的道路不同而已。《荀子》全书讲心学的有好几篇，最前《修身》篇讲治气养心之术，他说："血气刚强，则柔之以调和；知虑渐深，则一之以易良；勇胆猛戾，则辅之以道顺；齐给便利，则节之以动止；狭隘褊小，则廓之以广大；卑湿重迟贪利，则抗之以高志；庸众驽散，则劫之以师友；怠慢僄弃①，则炤之以祸灾；愚款端悫②，则合之以礼乐。凡治气养心之术，莫径由礼，莫要得师，莫神一好。夫是之谓治气养心之术也。"这一套完全是变化气质，校正各人的弱点，与孟子所谓将良心存养起来，再下扩大功夫不同。孟子主性善，故要

---

① 僄弃：轻忽抛弃。僄，读音为 piào。
② 端悫：正直诚谨。悫，读音为 què。

"求其放心"；荀子主性恶，故要"化性起伪"。

上面所说，还不是荀子最重要的话。重要的话，在《解蔽》及《正名》两篇中。荀子的主张比孟子毛病少点。孟子把心与耳目之官分为二，荀子则把它们联合起来。《正名》篇说："然则何缘而有同异？曰缘天官。凡同类同情者，其天官之异物也同，故比方之，疑似而通，是所以共其约名以相期也。"一个人为什么能分别客观事物，由于天与我们的五官。下面紧跟着说："形体色理以目异，声音清浊调竽奇声以耳异，甘苦咸淡辛酸奇味以口异，香臭芬郁腥臊洒酸奇臭以鼻异，疾养疮热滑铍轻重以形体异，说故喜怒哀乐爱恶欲以心异。"他把目、耳、口、鼻、形体加上心为六官，不曾把心提在外面，与佛家六根、六尘正同。但是心亦有点特别的地方："心有征知，征知则缘耳而知声可也，缘目而知形可也。"心与其他五官稍不同，除自外界得来感觉分别之外，自己能动，可以征求东西。下面一大段讲心的作用。比孟子稍为合理。孟子注重内发，对于知识不十分讲。荀子注重外范，对于知识十分注重，但是要得健全知识，又须在养心上用功夫。

《解蔽》篇说得更透彻。他问："人何以知道？曰心。心何以知？曰虚一而静。"这是讲人类就靠这虚一而静的心，可以知道，可以周察一切事物。底下解释心的性质。他说："心未尝不藏也，然而有所谓虚；心未尝不两也，然而有所谓一；心未尝不动也，然而有所谓静。"这是讲心之为物，极有伸缩余地，尽管收藏，尽管复杂，尽管活动，仍无害于其虚一而静的本来面目。又精密，又周到，中国最早讲心理学的人，没有及得上他的了。下面说："人生而有知，知而有志。志也者臧也，然而有所谓虚。不以所已臧害所将受，谓之虚。"这是讲养心的目的，要做到虚一而静，而用功的方法，在不以所已臧害所将受。紧跟着又说："心生而有知，知而有异。异也者，同时兼知之。同时兼知之两也，然有所谓一。不以夫一害此一，谓之壹。"这是讲人类的心，同时发几种感想，有几种动作，但养心求一。只要不以夫一害此一，纵然一面听讲，一心以为鸿鹄将至，亦无不可。又说："心卧则梦，偷则自行，使之则谋，故心未尝不动也。然而有所谓静，不以梦剧乱知，谓之静。"这是讲心之为物，变化万端，不可端倪，但治心求静。只要能静，就是梦亦好,行亦好,谋亦好,都没有妨碍。荀子的养心治心,其目的大半为求得知识。不虚,不一,不静,便不能求得知识。孟子专重内部的修养,求其放心,操之则存,只需一点便醒;荀子专重外部的陶冶,养心治心,非下刻苦功夫不可。两家不同之点在此。然两家俱注重心体的研究,认为做学问的主要阶级。最初儒家,两大师皆讲心,后来一派的宋学,以为圣学即心学,此话确有一部分真理,我们也相当地承认他。

汉以后的儒者,对于这类问题不大讲,就讲亦不十分清楚。董仲舒《深察名号》篇说:"栣众恶于内,弗使得发于外者,心也。故心之为名栣也。"董子全部学说,虽调和孟荀,实则偏于荀。他对于心的解释,至少与孟子不同。六朝时徐遵明主张"本心是我师",上面追到孟荀,下面开出陆王。可以说陆王这派的主要点,六朝时已经有了,不过董仲舒、徐遵明的主张,不十分精深光大而已。

隋唐以后,禅宗大盛。禅宗有一句很有名的口号"即心是佛",可谓对于心学发挥得透彻极了。禅宗论心,与唯识宗论不同。唯识宗主张"三界唯心,万法唯识"。

这类话不承认心是好的。所谓八识：一、眼识；二、耳识；三、鼻识；四、舌识；五、身识；六、意识；七、末那识；八、阿赖耶识。末那即意根，阿赖耶即心亡，两样都不好，佛家要消灭它。唯识宗认为世界种种罪恶，都由七八两识而出，所以主张转识成智，完全不把心当作好东西。禅宗主张"即心是佛"。这都是承认心是好的，一点醒立刻与旁人不同，与孟子所谓"万物皆备于我，反身而诚，乐莫大焉"立论的根据相同。

禅宗的思想影响到儒家。后来宋儒即根据"即心是佛"的主张，解释孔孟的话。研究的对象就是身体状况，修养的功夫，首在弄明白心的本体。心明白了，什么都明白了。宋儒喜欢拿佛家的话解释《系辞》《大学》及《孟子》。程子《定性书》说："所谓定者，动亦定，静亦定，无将近乎内外。……故君子学莫若廓然大公，物来顺应。"这类话与禅宗同一鼻孔出气。禅宗五祖弘忍传衣钵时叫门下把各人见解写出来，神秀上座提笔在墙上写道："身是菩提树，心如明镜台。时时勤拂拭，莫使惹尘埃。"大家都称赞不绝，不敢再写。六祖慧能不识字，请旁人念给他听，听罢作偈和之曰："菩提本无树，明镜亦非台。本来无一物，何处惹尘埃？"晚上五祖把他叫进去，就把衣钵传给他了。这类神话真否可以不管，但实开后来心学的路径。我们把他内容分拆起来，已非孟荀之旧了。程子讲"物来顺应"，禅宗讲"心如明镜"，这岂不是一鼻孔出气吗？

朱陆两家都受禅宗影响。朱子释明德说："明德者，人之所得乎天，而虚灵不昧，以具众理而应万事者也。"所谓虚灵不昧，以应万事，即明镜拂拭之说。陆子称"圣贤之学，心学而已矣"，又即禅宗"即心是佛"之说。据我看来，禅宗气味，陆子免不了，不过朱子更多。陆子尝说"心即理""明本心""立其大者"，大部分还是祖述孟子"求其本心""放其良心"的话。所以说孟子同孔子相近，象山是孟子嫡传。象山不谈玄，讲实行，没有多少哲学上的根据。

阳明路数同象山一样，而哲学上的根据比较多些。阳明"知行合一"之说在心理学上很有根据。他解释《大学》根本和朱子不同。《大学》的讲格物、致知、诚意、正心、修身五事，朱子以为古人为学次第，先格物再致知三诚意四正心五修身循序渐进；阳明以为这些都是一件事，内容虽有区别，实际确不可分。阳明最主要的解释见《语录》卷二。他说："只要知身心意知物是一件。九川疑曰：'物在外，如何与身心意知是一件？'先生曰：'耳目口鼻四肢'亦不能，故无心则无身，无身则无心。但指其充塞处言之，谓之身；指其主宰处言之，谓之心；指心之发动处，谓之意；指意之灵明处，谓之知；指意之涉着处，谓之物。只是一件。意未有悬空的，必着事物。"这是绝对的唯心论。心物相对，物若无心不可以，外心求物，物又在哪里呢？

《阳明文集·答罗整庵书》又说："……理一而已。以其理之凝聚而言，则谓之性；以其凝聚之主宰而言，而谓之心；以其主宰之发动而言，则谓之意；以其发动之明觉而言，则谓之知；以其明觉之感应而言，则谓之物。"阳明一生最讲心外无理，心外无事，心外无物，物外无心。他的知行合一说即由心物合一说而出。致良知就是孟子所谓良心，不过要把心应用到事物上去。阳明这种主张确是心学。他下手的功夫同象山差不多，主要之点不外诚意，不外服从良心的第一命令。下手的功夫既然平易切实，不涉玄妙，又有哲学上的心物合一说以为根据，所以阳明的知行合一说能够成立，能够实行。而知行合一说，又是阳明学说的中心点。他思想接近原始儒家，比程朱好；他根据十分踏实圆满，比象山素朴。但只讲方法而已，后面缺少哲学的根据。

心体问题，到王阳明真到发挥透彻，成一家言，可谓集大成的学者。以前的议论，没有他精辟，以后的议论，没有他中肯。清代学者，不是无聊攻击，便是委靡敷衍。大师中如颜习斋、戴东原，旁的问题虽有极妥洽的地方，这个问题则没有特殊见解，可以略去不讲。几千年来对于心体问题主张大致如此。

附　读书示例　荀子

吾人读书，当分所读之书为两种：一"涉猎的"；一"专精的"。读书示例，其所举当然为专精的，然专精的书，亦不限于古书。如近人著作，有专精的价值者，亦可取而专精之，而欲举例以讲，则所举当然必须属于古书一类。今试述之如下。

（一）欲读古书，当先明选择之标准。选择标准之法。约有下列各端：

1. 须求真书。如专精一书，而其书为伪书，则枉费一番工力，太不值得矣。如《孔子家语》，若以为孔子微言大义之所在而专研之，不知其书乃西晋王肃所伪造。如《关尹子》，若以为老子之友所著，其书可贵而研究之，不知全是唐以后掇拾佛老之余绪者为之。又如史部之《晏子春秋》，不可据以考春秋时事。今本《竹书纪年》，不可据以考上古时事，以其皆为伪书故也。

2. 须求特别有价值者。真书之中，又必须求其特别有价值者。如扬雄《太玄经》《法言》，其书真为扬雄所作无疑也，而其书除专除模仿外更无价值之可言。又如王通《文中子》，王通是否有其人，《文中子》是否王通所作，皆是疑问，即真有王通其人，《文中子》真为王通所作，亦无价值可言。其他比较的稍有价值，而非有特别价值者，如刘向《说苑》《新序》《韩诗外传》等，则亦不必费全副精力以致力此一书也。

3. 须求其书较普通者。书既真矣，书既有特别价值矣，然因其书太专门，但能俟专门学者研究之或其书太简奥，但能俟性相近者研究之，如老子，其书真也，有特别价值也，然因其书太简古、太深奥，非专门学者，必不能引出趣味。又如《仪礼》，古六艺之一，其书既真而其重要，亦人人所知，然除三礼专门家外，则研究此书者甚少，亦以其书太不普通故也。

4. 须求其书有研究之必要及研究之可能者。所谓有研究之必要者，谓其书必须下一番苦功，方能了解，而了解以后，可触类旁通一切书也。如《孟子》与《荀子》二书，其价值相同，其篇幅亦略等，然以文义论之，即读《孟子》易，读《荀子》难，必须下一番苦功以研究之，而通《荀》即可通《孟》，此所谓必要也。所谓研究之可能者，盖古书中真有不可研究者。如《管子·轻重》篇，简直无研究之可能，又如《墨子》之《经上》《经下》篇，在毕秋帆时代，亦几无研究之可能，自孙仲容墨子闲诂出，而始有研究之可能。

（二）研究一书，必须先将此书之宗旨、纲领完全了解，其关于此书之序文、凡例、目录等，必须一一细读。

（三）研究一书必须将明白著书之人历史环境，学问渊源等，及此书之解题、流传、源委等，如研究《荀子》一书，至少必须参考《史记·荀卿列传》及刘向《荀子校录序》，及近世胡元仪《荀子列传》等，以明荀子历史。此外如《汉书·艺文志》《隋书·经籍志》……以上各史志，旁及郡齐读书志、直斋书录解题等，以考此书之类别部居及关于此类书籍之渊源流别。

（四）后世名人之批评，如韩昌黎评荀子之语，虽亦未尽中肯綮①。而韩昌黎在中国学术界上当然有相当位置，

---

① 肯綮：筋骨结合的地方，比喻事物的关键。綮，读音为 qìng。

其后如朱子，其语类中论《荀子》之语。虽亦不甚详细，然朱子影响于中国学术界之势力最大，其批评必须注意。近世如汪中《荀子通论》，为近世提创荀学者之先辈。亦不可不注意及之。又如陈澧，议论精当，心气和平，其批评亦须兼顾。

（五）须求善本。古书流传愈久，讹误愈多，故必须求善本。不然其文字既讹尚何学说可求。我人幸生乾嘉之后，关于古书之校勘、训诂、音释、句读，皆已为诸先辈整理粗毕。此层工作省力不少，诸先辈当时本意，盖欲此层工作完毕之后，再进而求其义理，然用力数十年之后，人亦老死而不及为。我人今日得食其赐，此最幸事即以荀子而言，若我人生当乾嘉以前，得一明刊世德堂本《荀子》，已为大幸。其后浙江书局刊卢抱经校本《荀子》，则便利学者多矣。直至近时王益吾《荀子集解》出，而此第一层工作乃粗告完毕，然亦有三四家校本未入。如洪饴孙校本、孙仲容校本、刘师培校本、章太炎校本，及余历年来零星著作之关于《荀子》者，前言读书当分三部。最初一部为"鸟瞰的"，在"鸟瞰的"研究期内，至少须能了解其大纲。第二部为"解剖的"，在此期工作之时，必须将此书之特别几要点，解剖而提出之。今以《荀子》言之，其重要之点可解剖成下列四部。

（一）哲学之要理及求知之方法。此点亦可名为"认识论"。凡书中《性恶》《天论》《正名》《解蔽》各篇所云皆是也。此为《荀子》之本论。

（二）教育论及修养论。《荀子》一书，全以教人为目的，故此点亦极重要。如《修身》《劝学》《不苟》等篇所云是也。

（三）政治论。儒家皆讲政治，孟荀皆然，《荀子》书中如《王制》及《道王》等篇是也。

（四）批评。荀子好批评，虽其批评不能称为尽当，然有极尊严及极严厉的态度，《非十二子》篇可为其代表。

此四部分，固为荀子学说之重要部分，然更有极重要之点，当特别注意者，则性恶论是也。盖荀子施学，全从经验中来，故以人性为皆恶，此正与西洋之经验哲学一派相近也。

然此皆为客观的见解，尚有主观的见解。如荀子文章，亦甚玮丽。其后有《赋篇》等，则全为文学上原料。如有文学出而研究"荀子之文学"，则凡所谓认识论、教育论、政治论等，一概可置之不理，而专从事于赋篇等可也，盖其主观之立足点不同也。

此以主观的见解以研究其文字也。若以主观的见解以研究荀子之学说，亦何尝不当如此，亦必须先立定吾之立足点，先认清吾之观察点，以研究之。如荀子之认识论，即根据于教育论，其教育论，即根据于认识论，究竟以何者为因，何者为果乎，则全视乎研究者之立足点、观察点矣。

总而言之，则第一层功夫，贵在能总揽其大体。第二层功夫，贵在应用精密的眼光、坚苦的功夫，以研求之。然此皆属于智识一方面者。我谓学问，正不特智识一方面而已，尚有修养一方面在后，如研究荀子者，于荀子哲理学说，固须了解，而其道德精神，我人亦当拳拳服膺而效法者也。

《荀子》一书，可惜无善注本，惟唐杨倞注，已可推为第一，竟无有再出其右者，可慨也。如《孟子》一书，尚有赵岐注，《淮南》《吕览》，尚有高诱注，皆汉末大儒，去古未远，高于荀注远矣。且《荀子》一书，其难解更甚于《孟子》，故更不易知。虽然惟其无善注本，而须我人之自行研究。吾人读《荀子》时，除能了解其学说外，更可有校读古书之练习，亦计之得也，今任择重要者一二篇讲之。

《解蔽》

《解蔽》一篇，在《荀子》一书中，极为重要。除《正名》《性恶》篇外，更无重要于是篇者，此荀子之心理学也。东方哲学，无论儒学、佛学，皆与西方哲学"为哲学而求哲学"之旨相反。吾前讲佛学已言之。盖佛学以救世为主而讲佛学，非"为佛学而讲佛学"也。此种精神，儒家较佛家尤甚。故《解蔽》篇虽为荀子之心理学，然与西洋之"为心理学而求心理学"之宗旨，迥不相侔。盖此篇殆可名为"应用心理学"也，推荀子之意，欲从心理学中求得下列之二项用处：

（一）心灵之修养。

（二）求学问之真正方法。

其重要主旨，在教学者如何而可至于求学问之路。戴东原谓"不以人蔽己，不以己自蔽"。其言最足以尽此篇之意，盖人之蔽，不外二端，由人而蔽，由己而蔽。

由人者，解脱尚易；由己而蔽者，解脱最难。《荀子》此篇之意，正示人以释脱种种蒙蔽之方法，亦即示人以求真正学问之方法也。

《解蔽》篇之句读

"蔽于一曲"杨注云"一端之曲说"未确。盖荀子之意，谓不见全体而但见一偏之谓，略如佛家"盲人扪象"之喻。

"两疑则惑矣"——"疑"字，俞荫甫引管子"疑妻之妾"之"疑"以解之，固是，然亦未尽。此"疑"字当作拟解，《易·文言》"阴疑于阳必战"。《礼记·檀弓》"使西河之人疑汝于夫子"，皆"拟"之意也。

"昔宾孟之蔽者"——"宾孟"非人名，杨注极无谓，俞校近是。盖"宾孟"与"宾萌""编氓"声相近，且亦与"平民"声相近。

"乱家是也"——"家"，《荀子》中有特义，皆可作诸子百家之"家"，乱家犹言乱道之家。"墨子蔽于用而不知文"——此语极得墨子之症结，盖墨子为绝对的致用主义，极端反对文饰。其蔽在但知狭义的应用，而不知涵养休息之间接有益于人心之功莫大也。

"宋子蔽于欲而不知得"——宋子学说,今无书籍传世,不易了解。惟《正名》篇引之云。宋子云"人之情欲寡,而皆以己之情欲为多,是过也"之语,其文义不易了解,以意度之。宋子之意,但求适可而止。如一衣已可御寒,则更不必求盈箱溢箧之衣。荀子所谓"欲",非谓宋子有"贪欲"之"欲"。言宋子但求之内心之"欲望"一方面,而更不求之外界供给之一方面也。

"申子蔽于势而不知知"——势犹言"权力""实力","知"字或有误,但为何字所误,不能详考,或"和"字之误也。

"由俗谓之嗛道也"——俗字必有误,但不可考。

"体常而尽变"——杨注非是"体"非体用之"体",盖犹中庸"体物而不可遗"之体,动词也,犹言"体认""体谅"。尽亦动字,亦犹《中庸》"尽人之性,尽物之性"之尽。

"一家得周道"——此疑有脱文,然不可考。周道,非谓"周代之道",盖言"周徧之道"。

"则不可道而可非道"——犹言"不以道为可而以非

道为可"。

"以其不可道之心,与不道人,论道人"——犹言"以'不以道为可'之心,与'不以道为可'之人。论'以道为可'之人。"

"知而有志"——杨注甚荒唐,此志字,即誌字,即识字,犹言"记忆。"

"人生而有知"——"人"字疑当作"心"字方与下文一一吻口。

"不以夫一害此一"——此段文义,可以譬喻明之。犹吾人读《孟子》读《荀子》,可同时兼知,两也。然不可读《荀子》时,以《孟子》以见解杂之。读《孟子》时,亦不可以《荀子》之学说杂之。又如讲天文尾辰之躔①度可也,讲地理州邑之位置可也,必欲率而一之。创为"分野"之说,即所谓"以夫一害此一"也。

"心容"——杨注"容"为"受",非是。《庄子·天下篇》言"心之容",与此相类。犹今人言"心灵状态"。

"虚一而静"——道家最提倡"虚""静""一"等。

---

① 躔:天体运行的轨迹。读音为 chán。

而《荀子》此处，亦言"虚""一""静"。吾人当研究二家所言之同一名词，其函义是否亦同。道家所言，如云"虚室生白，吉祥止止"。其所云"虚"，为"虚空"之"虚"。犹宋儒所云"虚灵不昧"，而荀子所谓"虚"，则为"虚心"之"虚"。又如道家所云"一"字之义，其意盖暗指"视之不见名曰希，听之不闻名曰夷"之意。（其昌按：先生此处，偶未举例，今按老子所云"载魂魄抱一""道生一"。庄子所云"乃复归于寥天一"，皆可为例）。而荀子所云之"一"，为"不以夫一害此一"之"一"，与道家之"一"，意义亦异。至于"静"字，亦与道家全异。道家之意，盖指"无劳尔形，无摇尔精，乃可以长生"。而荀子则代表儒家思想，当时儒家思想则不然，孔子云："言天下之至赜而不可乱也，言天下之至动而不可恶也。"所谓"静"者，欲从至赜之中至动之中，而不至于乱，不至于恶。（其昌按：朱子语云："恶"之意。犹俗言"不耐烦"。）其后如朱子云"只是一片懒散精神，漫无着落。便是万恶渊薮"[①]。曾文正云："精神愈用则愈出。"荀子一派儒家之见解，正

---

① 渊薮：比喻人或事物集聚的地方。

是如此，不如道家之摒弃一切以求静。正欲从事务纷繁之中，力求此心"虚一而静"也。

"凡以知人之性也，可以知物之理也。"此段有误字。杨注云："以知人之性推之，则可知物理也。"是所谓求其说而不得，又从而为之辞也。今详味文义，当作"凡可知，人之性也。可以知物之理也"。其意若谓："凡可知者，人之性也。此可知之性，可以知物之理也。"此即佛家所谓"能""所"之理。人之性，为"能知"；物之理，为"所知"。盖人有能知之性，物有可知之理也，荀子之意如此。

"以可以知人之性，求可以知物之理。"——"以可以"下"以"字。衍文。